AF476435

ACADÉMIE DE PARIS

DÉPARTEMENT D'EURE-&-LOIR

ÉCOLES PRIMAIRES ÉLÉMENTAIRES

EMPLOI DU TEMPS
RÉPARTITION MENSUELLE DES PROGRAMMES DÉVELOPPÉS
DIRECTIONS PÉDAGOGIQUES

CHARTRES
IMPRIMERIE GARNIER
15, RUE DU GRAND-CERF, 15

1895

ACADÉMIE DE PARIS

DÉPARTEMENT D'EURE-&-LOIR

ÉCOLES PRIMAIRES ÉLÉMENTAIRES

EMPLOI DU TEMPS

RÉPARTITION MENSUELLE DES PROGRAMMES DÉVELOPPÉS

DIRECTIONS PÉDAGOGIQUES

CHARTRES
IMPRIMERIE GARNIER
15, RUE DU GRAND-CERF, 15

1895

Aux Instituteurs et aux Institutrices,

En 1891, nous avons réuni, dans une petite brochure qui vous a été envoyée comme supplément du *Bulletin* d'Eure-et-Loir, les programmes et les principaux règlements des écoles primaires publiques, élémentaires et maternelles.

Depuis, dans une de vos conférences pédagogiques, vous avez demandé qu'il soit établi, pour le département, une répartition mensuelle des programmes des écoles élémentaires, ainsi qu'un emploi du temps modèle pour celles de ces écoles qui n'ont qu'un seul maître.

Convaincu nous-même, par l'expérience, de la très grande utilité de ce double travail, nous en avons, sans délai, confié la première rédaction à des commissions d'instituteurs, présidées par MM. les Inspecteurs primaires. Les propositions que nous avons reçues ont été ensuite minutieusement discutées dans une série de réunions que nous avons nous-même dirigées, et auxquelles ont pris part les présidents des commissions de rédaction et le personnel des deux écoles normales. Il en est sorti les documents qui font l'objet de la présente publication et qui comprennent : 1° une répartition mensuelle de toutes les matières du programme officiel ; 2° des directions pédagogiques ; 3° un emploi du temps pour les écoles à une seule classe.

La *répartition mensuelle* des matières du programme a pour but d'assurer, dans toutes les écoles et pour tous les cours, une marche régulière et simultanée de tous les enseignements, en donnant aux maîtres un guide qui leur montre, à chaque époque de l'année, ce qu'ils ont fait et ce qu'il leur reste à faire; qui les rappelle sans cesse à une juste mesure dans chacune de leurs leçons; qui ne leur permette pas de s'attarder, comme il arrive trop souvent, sur les premières questions au détriment des suivantes.

Pour mener à bien cette partie de notre tâche, nous nous sommes surtout inspirés de ce que l'on peut faire dans une école à un seul maître. A cet effet, tout en reproduisant le texte ministériel, parfois avec de nombreux détails, pour les matières essentielles, telles que la morale, la langue française, l'histoire, l'instruction civique, l'arithmétique, les sciences physiques et naturelles, l'agriculture, nous avons restreint, autant que pouvait le permettre une sage et prudente interprétation de ce texte, la part qui doit revenir au travail manuel, au chant et à la gymnastique. Mais pour que les élèves qui ne vont pas au delà de l'examen du certificat d'études, — et malheureusement ils sont de beaucoup les plus nombreux, — emportent de l'école des connaissances géographiques aussi complètes que possible, nous avons introduit au cours moyen, consacrant ainsi ce qui se fait à peu près partout, une étude très élémentaire des cinq parties du monde.

En langue française, nous avons indiqué un grand nombre de sujets de rédaction et d'exercices sur le vocabulaire, dans le choix et la gradation desquels les maîtres se trouvent fort souvent embarrassés. D'autre part, pour assurer un mutuel appui à la géométrie, au dessin et au travail manuel des garçons, pour faciliter une pénétration réciproque de ces trois matières, nous avons essayé d'établir une étude simultanée de tous les points communs de leurs programmes respectifs. Enfin, pour diminuer le nombre des leçons différentes, nous avons fait entrer l'enseignement de l'hygiène dans celui des sciences physiques et naturelles.

La plupart de nos écoles n'ont que les trois cours, préparatoire, élémentaire et moyen ; néanmoins, nous n'avons pas cru devoir passer sous silence les programmes du cours supérieur, qui doivent être suivis partout où ce cours peut être organisé, c'est-à-dire dans toute école qui compte au moins quatre ou cinq élèves pourvus du certificat d'études.

Pour chaque matière et dans chaque cours, la répartition a été faite sur neuf mois, dans le but de réserver les six dernières semaines de l'année scolaire à une revision générale, sans préjudice des revisions trimestrielles prévues pour le plus grand nombre des enseignements.

Ainsi établie, cette division mensuelle peut être suivie dans toutes les écoles. Elle ne constitue pas un règlement inflexible et rigoureusement obligatoire ; elle doit être surtout un cadre que nous conseillons de ne pas perdre de vue, mais au milieu duquel l'instituteur pourra librement se mouvoir, en s'inspirant chaque jour du développement intellectuel de ses élèves, en n'oubliant jamais qu'il doit leur donner, dans le cours d'une année scolaire, un ensemble complet de connaissances sur chaque matière, et en travaillant sans relâche à porter de plus en plus haut, dans l'école, le niveau général de l'éducation.

Les *directions pédagogiques* qui accompagnent la répartition mensuelle sont de deux ordres pour chacune des matières : les unes, générales, applicables à tous les cours ; les autres, spéciales, relatives à chaque cours. Ces conseils développent les directions officielles ou s'y ajoutent, en vue de recommander, pour l'étude progressive et sûre de toutes les branches du programme, les méthodes et les procédés d'enseignement qui nous semblent les meilleurs.

Personne n'ignore que dans toute école le complément indispensable du plan d'études est l'*emploi du temps*, qui assigne une place à chaque matière, qui mesure et proportionne la durée de chaque exercice à son importance, qui assure le travail simultané de tous les cours, qui règle dans chacun d'eux la succession harmonieuse des leçons, des études et des repos, qui féconde ainsi la vie de l'école en y introduisant la variété, l'animation et la discipline, qui donne par surcroît, aux élèves, des habitudes d'ordre et de régularité.

Dans les écoles à une seule classe, nous ne saurions demander aux maîtres de faire sur chaque ordre de connaissances plus de deux ou trois leçons; aussi, l'emploi du temps que nous proposons comme modèle pour ces écoles ne prévoit-il, même pour celles d'entre elles qui auraient un petit cours supérieur, que des leçons communes aux deux cours les plus élevés. Pour quelques matières, comme la morale, l'instruction civique, la lecture, la récitation et les sciences physiques et naturelles, le cours moyen et le cours élémentaire sont réunis; en histoire et géographie, nous groupons ensemble le cours élémentaire et le cours préparatoire; pour le dessin, le travail manuel, le chant, l'écriture et la gymnastique, les exercices sont simultanés dans les trois cours; mais pour l'arithmétique et la langue française, nous recommandons des leçons spéciales du maître dans chacun de ces cours.

Pas plus que la répartition mensuelle des programmes, cet emploi du temps n'est obligatoire. Toutefois, nous vous demandons de l'examiner consciencieusement, de le soumettre à l'expérience, et de n'y proposer des modifications qu'après en avoir bien reconnu l'utilité.

Telle est, dans ses principales lignes, l'économie du travail que nous vous adressons et qui a reçu l'approbation du Conseil départemental. Il réalise, dans l'organisation pédagogique de nos écoles, un très sensible progrès, dont vous saurez tirer, je l'espère, le meilleur profit pour vos élèves.

Que les Bureaux des bibliothèques pédagogiques, qui en ont voté les frais d'impression, reçoivent ici, avec tous ceux qui m'ont prêté leur concours, l'expression de mes plus vifs remerciements.

L'Inspecteur d'Académie,

DAUZAT.

Chartres, le 15 mai 1895.

EMPLOI DU TEMPS POUR LES ÉCOLES A UNE SEULE CLASSE

MATIN

COURS	De 7 h. 50 à 8 h.	De 8 h. à 8 h. 30. Morale (3 Leçons). Instruction civique (2 Leçons).		De 8 h. 30 à 9 h. 20. Arithmétique (3 Leçons). Système métrique et Géométrie (2 Leçons).			De 9 h. 20 à 9 h. 35	De 9 h. 35 à 10 h. 20. Lecture (3 Leçons). Récitation (2 Leçons).			De 10 h. 20 à 11 Dessin (2 Leçons. Travail manuel (2 Chant (1 Leçon)
SUPÉRIEUR et MOYEN	Inspection de propreté. — Entrée. — Appel.	20' Leçon commune aux 2 cours. M	10' Devoir	20' Leçon. M	30' Devoir.		Récréation.	10' Coup d'œil sur la Leçon	25' Leçon commune aux 2 cours. M	10' Devoir	40' Exercices simultanés pour les trois cours. M
ÉLÉMENTAIRE			Copie d'un Résumé	Devoir.	20' Leçon. M	10' Exercice d'applicat. A				Lecture ou Vocabulaire. A	
PRÉPARATOIRE		Lecture. A	Historiette morale M	Écriture. A	Calcul. A	Leçon M		Leçon M	Leçon. A	Exercic. de franç. ou Récitation. M	

SOIR

<table>
<tr><th rowspan="2">COURS</th><th rowspan="2">De 12h50 à 1 h.</th><th colspan="3">De 1 h. à 2 h.</th><th>De 2 h. à 2 h. 25</th><th rowspan="2">De 2 h. 25 à 2 h. 40</th><th colspan="2">De 2 h. 40 à 3 h. 30.</th><th colspan="2">De 3 h. 30 à 4 h.</th></tr>
<tr><th colspan="3">Langue Française.</th><th>Écriture (4 Leçons).
Gymnastique (1 Leçon).</th><th colspan="2">Histoire (3 Leçons).
Géographie (2 Leçons).</th><th colspan="2">Sciences physiques et naturelles (3 Leçons).
Agriculture (2 Leçons).</th></tr>
<tr><td>SUPÉRIEUR et MOYEN</td><td rowspan="3">Inspection de propreté. — Entrée. — Appel.</td><td>30'
Dictée ou correction de rédaction. — Leçon de grammre ou de vocabulaire.
M</td><td colspan="2">30'
Devoir.</td><td rowspan="3">25'
Exercices simultanés pour les 3 cours.
M</td><td rowspan="3">Récréation.</td><td>25'
Leçon.
M</td><td>25'
Devoir.</td><td rowspan="2">20'
Leçon commune aux 2 cours.
M</td><td>10'
Résumé</td></tr>
<tr><td>ÉLÉMENTAIRE</td><td colspan="2">40'
Devoir.
Exercices.
A</td><td>20'
Dictée ou correc. de rédact. — Leç. de gram. ou de voc. M</td><td>Étude ou Devoir.</td><td rowspan="2">Leçon commune aux 2 cours.
M</td><td>Copie d'un Résumé</td></tr>
<tr><td>PRÉPARATOIRE</td><td>30'
Lecture.
A</td><td>10'
Leçon de gram. ou rédact. M</td><td>Exercices.
A</td><td>Calcul.
A</td><td>Lecture préparatoire à la Leçon de choses.
A</td><td>Leçon de choses M</td></tr>
</table>

Explication des abréviations : **M** maître ; **A** aide.

PROGRAMMES

MORALE

Directions générales. — L'enseignement de la morale n'est pas limité aux leçons proprement dites : il se dégage de toute la vie scolaire, de l'exemple du maître, de la discipline qui inspire et sanctionne la conduite des enfants ; il est associé, plus ou moins intimement, à tous les autres enseignements, en particulier à la lecture expliquée, à l'histoire.

Tout doit concourir à l'éducation morale, qui est l'œuvre capitale de l'école, et la préoccupation constante du maître doit être de former la conscience des enfants, de leur faire connaître, aimer et pratiquer le bien, à cet effet de les soutenir et de les encourager par ses conseils et par ses exhortations, de les entourer de saines influences, de leur faire contracter de bonnes habitudes, et de les munir de principes élevés et fermes.

Un des principaux moyens de l'éducation morale, c'est l'instruction : pour remplir ses devoirs, il faut les connaître. L'instruction morale que l'enfant peut acquérir, soit dans la famille, soit à l'école, suivant le hasard des circonstances, si pénétrante qu'elle soit, ne suffit pas à bien éclairer sa conscience, car elle est nécessairement bornée et décousue. Il faut un enseignement moral spécial faisant l'objet de leçons régulières qui seules peuvent mettre les principes en pleine lumière en les présentant dans toute leur généralité. Il va sans dire que ces leçons auront un caractère différent de celui des leçons portant sur les autres matières ; « elles veulent un autre ton, une autre allure, je ne sais quoi de personnel, de plus intime, de plus grave. » L'instituteur doit y mettre toute son âme; il faut que l'enfant sente qu'on lui parle de ses plus hauts intérêts, qu'il se pénètre de l'obligation de conformer sa conduite aux préceptes qui lui sont exposés.

COURS PRÉPARATOIRE

Directions particulières.—Il ne saurait être question, pour ces enfants qui commencent à peine à naître à la vie raisonnable, de leur faire un cours de morale. Il faut simplement leur parler de leurs petits devoirs en prenant pour texte d'explications des images, des poésies, des fables, des historiettes qui donneront lieu à une causerie familière en même temps qu'élevée. Pour l'ordre à suivre, on prendra dans le programme du cours élémentaire les questions qui peuvent être mises à la portée des enfants du cours préparatoire.

COURS ÉLÉMENTAIRE

Directions particulières. — Tout en continuant l'application des procédés en usage dans le cours préparatoire, le maître commencera à s'adresser à la conscience et à la raison. Les leçons bien ordonnées, exactement adaptées à l'intelligence des élèves, ne seront pas de simples exposés du maître, on y fera une très large part à la collaboration des élèves qui seront fréquemment interrogés et exercés à l'appréciation des faits, à la recherche des préceptes, etc., et qui donneront eux-mêmes, de chaque leçon, le résumé oral préparatoire d'un résumé écrit.

Octobre.

L'enfant dans la famille. — Le père, la mère, les grands-parents. — Le bon fils, obéissant, respectueux, affectueux, reconnaissant. — Le mauvais fils.

Novembre.

L'enfant dans la famille (suite). — Les frères, les sœurs : devoir de s'aimer, de s'entr'aider, de se protéger, d'être doux, bons, prévenants entre eux. — Les orphelins.

DÉCEMBRE.

L'enfant à l'école. — L'instruction obligatoire. — L'écolier obéissant, appliqué, studieux, bon pour ses camarades, poli, prévenant, respectueux, reconnaissant pour son maître, etc.

Revision trimestrielle.

JANVIER.

La Patrie. — Premières notions en s'appuyant sur l'idée que l'enfant a de la famille et des rapports entre les familles qu'il connaît et qui habitent la même ville ou le même village.

FÉVRIER.

Les qualités et les défauts de l'enfant. — L'enfant sobre, propre, laborieux. — L'enfant malpropre, gourmand, paresseux, dissipé.

MARS.

Les qualités et les défauts de l'enfant (suite). — L'enfant sincère, franc, discret, modeste, patient, doux. — L'enfant menteur, dissimulé, bavard, indiscret, orgueilleux, impatient, emporté.

Revision trimestrielle.

AVRIL.

L'enfant et ses semblables. — Ne pas maltraiter les autres; ne pas leur prendre ce qui leur appartient; ne pas chercher à leur enlever les meilleures places en classe. — La délicatesse à observer dans les rapports avec les autres.

MAI.

L'enfant et ses semblables (suite). — La bonté, la politesse, la pitié pour les malheureux, la reconnaissance. — La moquerie — L'égoïsme.

Devoirs envers les animaux. — Les traiter avec douceur. — Protéger les nids.

JUIN.

Les beautés de la nature et l'ordre universel. — Le sentiment religieux. — Idée de Dieu.

JUILLET ET AOUT.

Revision générale.

COURS MOYEN

Directions particulières. — Tout en restant très élémentaires, les leçons devront être plus méthodiques qu'aux cours précédents; l'exposé suivi y tiendra une plus grande place; on s'attachera à bien établir dans la conscience des enfants l'idée du devoir et de son caractère obligatoire. Les maximes ou préceptes tirés de chaque exercice seront précieusement recueillis et conservés. Des lectures et des résumés écrits compléteront les leçons.

OCTOBRE.

La famille. — Devoirs envers les parents et les grands-parents. — Obéissance, respect, amour, reconnaissance. — Aider les parents dans leurs travaux, les soulager dans leurs maladies, venir à leur aide dans leurs vieux jours.

NOVEMBRE.

La famille (suite). — Devoirs des frères et sœurs : s'aimer les uns les autres; protection des plus âgés à l'égard des plus jeunes. — Action de l'exemple.

DÉCEMBRE.

L'école. — Avantages de l'éducation. — Premiers devoirs de l'élève : assiduité, docilité, travail, convenance. — Devoirs envers l'instituteur. — Devoirs envers les camarades.

Revision trimestrielle.

JANVIER.

La Patrie. — La France. — De ses grandeurs, de ses malheurs. — Devoirs envers la patrie et la société.

FÉVRIER.

Devoirs envers soi-même. — Le corps. — Hygiène, propreté, bonne tenue, bonnes manières, tempérance.

Les biens extérieurs. — Le travail; obligation du travail

pour tous les hommes; noblesse du travail manuel. — Économie. Prodigalité. Avarice.

Mars.

Devoirs envers soi-même (suite). — L'âme. — Véracité et sincérité; modestie; ne pas s'aveugler sur ses défauts. — Éviter l'orgueil, la vanité, la coquetterie, la frivolité. — Avoir honte de l'ignorance, de la paresse. — Courage dans le péril et dans le malheur. — Patience. — Esprit d'initiative. — Possession de soi; danger de la colère.

Revision trimestrielle.

Avril.

Devoirs envers les autres hommes. — Justice et charité. — Devoirs de justice : ne porter atteinte ni à la vie, ni à la personne, ni aux biens, ni à la réputation d'autrui. — Respect des opinions et des croyances.

Mai.

Devoirs envers les autres hommes (suite). — Devoirs de charité : bienveillance, bienfaisance, aumône, bonté, politesse, reconnaissance, fraternité.

Devoirs envers les animaux. — Loi Grammont.

Juin.

Devoirs envers Dieu. — Respect, vénération. Obéissance aux lois divines telles que les révèlent la conscience et la raison. — Le sentiment religieux.

Juillet et Aout.

Revision générale.

COURS SUPÉRIEUR

Directions particulières. — Dans le cours supérieur, on abordera quelques questions d'un ordre un peu abstrait et l'on s'appliquera à rendre les leçons vivantes en excitant les élèves à chercher des exemples nombreux et variés, à les puiser dans les connaissances qu'ils ont acquises en littérature, en histoire ou bien dans leur petite expérience de la vie. Comme dans le cours moyen, des lectures et des résumés écrits compléteront les leçons. Les élèves pourraient avoir un cahier spécial où ils prendraient note des lectures qui leur seraient faites et où ils copieraient les plus beaux passages.

Octobre.

La famille. — Programme du cours moyen. — Insister sur la solidarité des membres de la famille, l'honneur de la famille, l'esprit de famille.

Novembre.

La famille (suite). — Programme du cours moyen. — Devoirs des frères et des sœurs non seulement dans le présent, mais dans l'avenir. — Devoirs réciproques des maîtres et des serviteurs, des patrons et des ouvriers.

Décembre.

L'école. — Programme du cours moyen. — Plus d'étendue sur les avantages de l'éducation. — Insister sur la dette que les enfants ont contractée envers l'instituteur, envers la famille, envers l'État ou la société qui leur ont assuré les avantages de l'éducation.

Revision trimestrielle.

Janvier.

La Patrie. — 1° Ce qu'elle exige de nous : l'obéissance aux lois, le service militaire, le dévouement, la fidélité au drapeau, l'impôt, le vote ; — 2° Ce qu'elle nous garantit : la sécurité de la vie et des biens, la liberté individuelle, la liberté de conscience, la liberté du travail, la liberté d'association. — Explication de la devise républicaine : Liberté, égalité, fraternité. — Diverses manières de contribuer à la prospérité et à la grandeur de la patrie : l'homme d'État, le savant, l'artiste, le fonctionnaire, l'industriel, etc. — La souveraineté nationale.

Février.

Devoirs individuels. — Programme du cours moyen complété par des notions sur le fondement des devoirs envers soi-même. — Le respect de soi, la dignité personnelle, l'immoralité du suicide.

Mars.

Devoirs individuels (suite). — Programme du cours moyen avec notions sur les facultés de l'âme, sur le devoir, la liberté, la responsabilité, la conscience. — Examen de conscience. — Vigilance envers soi-même. — Devoir de perfectionnement.

Revision trimestrielle.

Avril.

Devoirs sociaux de justice. — Programme du cours moyen. — La distinction entre la loi écrite et la loi morale. — Le respect des droits des autres : vie, liberté humaine, propriété, honneur, réputation. — Limite de nos droits. — La justice, condition de toute société. — Différence entre le devoir et l'intérêt. — La probité, l'équité, la loyauté, la délicatesse.

Mai.

Devoirs sociaux de charité. — Programme du cours moyen complété par des notions sur la charité publique, la charité privée, les associations charitables. — La solidarité et la fraternité humaines. — La tolérance, la clémence. — Le dévouement, l'héroïsme. — Montrer que le dévouement peut trouver place dans la vie de tous les jours. — Différence entre le devoir et le sentiment.

Juin.

Devoirs envers Dieu. — Programme du cours moyen. — La destinée morale de l'homme ; la croyance à l'immortalité de l'âme.

Juillet et Aout.

Revision générale.

LECTURE

Directions générales. — De tous les enseignements donnés à l'école, celui de la lecture est, sans contredit, le plus difficile et le plus important. Bien dirigé, il vient en aide à tous les autres et contribue puissamment au développement intellectuel et moral des enfants.

Il importe donc d'arriver le plus promptement possible à une bonne lecture courante.

Nombreuses sont les méthodes en usage. Quelle que soit celle qui aura été adoptée, nous recommandons de la compléter par des exercices au tableau noir. En ôtant à l'enseignement de la lecture ce qu'il a de machinal, l'emploi de la méthode d'écriture-lecture permettra aux maîtres de substituer à une étude longue et monotone, un exercice où l'esprit et l'intelligence prendront la plus grande part.

Le rôle du livre est également considérable. On ne devra faire choix, surtout dans les divisions élémentaires, que d'ouvrages bien imprimés, ornés de nombreuses illustrations et écrits dans un style simple, clair et correct.

Il importe non seulement que les livres soient variés mais que chaque division ait le sien.

COURS PRÉPARATOIRE

Directions particulières. — Nous ne saurions trop engager les maîtres à abréger le plus possible l'étude des lettres et des éléments des mots pris en eux-mêmes, afin d'arriver rapidement à faire lire de petites phrases. Celles-ci offrent plus d'intérêt aux enfants et peuvent servir à l'instruction et à l'éducation morale.

Dans la méthode à laquelle on aura recours, il sera nécessaire de chercher surtout la clarté, la simplicité et une juste gradation dans les exercices.

La lecture et l'écriture seront, autant que possible, enseignées simultanément.

Pour les élèves plus avancés, la lecture dans un livre sera lente et syllabée. Le maître exigera que les enfants fassent de bonne heure les liaisons et s'arrêtent aux points et aux virgules.

COURS ÉLÉMENTAIRE

Directions particulières. — Pour obtenir une prononciation correcte, le maître lira à haute et intelligible voix les phrases de l'exercice ; il appellera l'attention des élèves sur les repos, les liaisons, les intonations et la signification des mots et des phrases.

Les livres devront être nombreux et variés, bien en rapport avec l'âge et le degré d'instruction des enfants.

COURS MOYEN

Directions particulières. — La lecture deviendra de plus en plus accentuée.

Le morceau qui devra servir de texte à la leçon de lecture sera toujours lu, en tout ou en partie, par le maître, qui fera remarquer aux élèves le ton qu'il convient de donner et appellera leur attention sur les repos et les liaisons.

La leçon sera l'objet d'explications portant sur le sens général du morceau et la signification de quelques mots ou de quelques expressions peu connus.

Une fois par semaine, le maître fera une leçon de lecture expliquée dont le texte sera, autant que possible, celui qu'il aura choisi pour être appris par cœur. Dans cette leçon les élèves seront amenés à découvrir l'idée générale du morceau, la suite et l'enchaînement des idées secondaires.

COURS SUPÉRIEUR

Directions particulières. — Il y aura lieu de faire une part plus grande à l'expression, guidée par les explications du maître ou par celles qu'il fera trouver par les élèves sur le sens du morceau, l'idée générale, les idées secondaires, leur enchaînement, la force particulière de certains termes.

Grâce à ces explications, les élèves arriveront à sentir, au moins en partie, la beauté littéraire d'une œuvre. Si l'on a recours aussi, comme livre de lecture, à des recueils bien faits d'auteurs classiques, des notions très sommaires de littérature trouveront leur place naturelle à la suite de cet exercice et seront beaucoup mieux comprises.

ÉCRITURE

Directions générales. — L'enseignement de l'écriture comprend trois genres principaux : la cursive ou expédiée, la ronde, la bâtarde.

L'écriture cursive doit être l'objet de soins constants, et si l'école primaire n'est pas appelée à former des calligraphes, il est nécessaire de faire acquérir néanmoins aux enfants l'habitude d'écrire avec rapidité, tout en donnant aux lettres des formes élégantes et bien proportionnées.

Quant à la méthode à suivre, la meilleure est celle du maître. L'emploi des cahiers modèles et des ardoises doit être très limité. Tout modèle d'écriture devra être simple, tracé au tableau noir et, le plus souvent possible, au moins pour le cours préparatoire, sur les cahiers des élèves.

Le maître attachera une grande importance à la bonne tenue du corps, du cahier et de la plume. Il ne perdra jamais de vue que, si l'écriture posée est utile, l'écriture expédiée est indispensable et demande aussi des exercices spéciaux.

COURS PRÉPARATOIRE

Directions particulières. — L'écriture sera de grosseur moyenne, de 4 à 6 millimètres environ. On commencera par l'étude des éléments qui concourent à la formation des lettres minuscules. Ces lettres pourront être divisées en quatre groupes : le premier comprendra les lettres dérivées des éléments droits ; le deuxième, les lettres dérivées des éléments ovales ; le troisième, les lettres composées d'éléments droits et ovales ; le quatrième, les lettres de forme particulière.

Quand l'enfant saura tracer de mémoire toutes les lettres du même groupe, il pourra écrire les mots composés de ces lettres, pour arriver enfin à écrire des mots connus et ensuite de petites phrases très simples.

Octobre.

Jambages simples *l*. — Jambages avec rondeur en bas *l*. Lettre *i*.

Novembre.

Jambages avec rondeur en bas. Lettres *i*, *u*, *t*. — Jambages avec rondeur en haut *ı*. — Jambages serpentants *ı*. — Lettres *n*, *m*. — Combinaison des éléments étudiés.

Décembre.

Lettres ovales *o*, *c*, *e*, *x*. Combinaisons avec des lettres précédemment étudiées.

Janvier.

Lettres ovales avec jambages *a*, *d*, *q*. Autres lettres : *p*, *v*, *r*, *s*. Combinaisons variées.

Février.

Lettres bouclées en dessus : *l*, *b*, *h*, *k*. Combinaisons variées.

Mars.

Lettres bouclées en dessous : *j*, *y*, *g*, *z*, *f*. Combinaisons variées.

Avril.

Récapitulation des éléments étudiés. — Etude des chiffres.

Mai. — Aout.

Revision générale.

COURS ÉLÉMENTAIRE

Directions particulières. — A leur entrée dans ce cours, les élèves doivent connaître déjà, pour les reproduire assez nettement et de mémoire, toutes les lettres de l'alphabet. Le maître rappellera souvent les principes exposés au cours préparatoire ; il s'efforcera de corriger les défauts inévitables chez des débutants.

L'écriture, toujours appliquée, doit devenir assez rapide et prendre, dans ce cours, la forme nette, très lisible, qui doit rester. Elle continuera d'être de grosseur moyenne, tout en se rapprochant de l'écriture fine. L'emploi du cahier modèle n'est pas sans utilité; mais il sera bon de recourir souvent aux modèles tracés au tableau noir, car ils permettent au professeur de faire plus facilement des leçons communes.

On pourra aborder l'étude des lettres majuscules.

Qu'il s'agisse d'une leçon spéciale ou des devoirs écrits, il faudra toujours exiger de l'application, de la propreté.

Octobre.

Etude des lettres *i*, *u*, *t*, *n*, *m*. Mots composés de ces lettres.

Novembre.

Etude des lettres ovales *o*, *c*, *e*, *x*. Lettres ovales avec jambages *a*, *d*, *q*. Mots composés des éléments étudiés.

Décembre.

Lettres *p*, *v*, *r*, *s*. Mots composés des éléments étudiés. — Lettres bouclées en dessus : *l*, *b*, *h*, *k*.

Janvier.

Lettres bouclées en dessous : *j*, *y*, *g*, *z*, *f*. Mots composés des éléments étudiés. — Chiffres.

Février.

Étude des lettres majuscules : *O*, *I*, *J*, *H*, *K*, *Z*, *V*, *U*, *Y*. — Combinaisons.

Mars.

Étude des majuscules : *F*, *P*, *B*, *R*; — *S*, *L*, *C*, *G*; — *E*, *T*. — Combinaisons.

Avril.

Étude des majuscules : *A*, *M*, *N*; — *X*, *Q*, *D*; — *W*. — Combinaisons.

Mai. — Aout.

Revision générale.

COURS MOYEN

Directions particulières. — On continuera d'améliorer l'écriture déjà formée, acquise au cours élémentaire. C'est surtout la rapidité, sans négliger la netteté des formes, qu'il faudra obtenir. Les leçons spéciales pourront être moins fréquentes, si l'on sait exiger que l'écriture des devoirs soit toujours soignée. Le cahier modèle peut être supprimé et remplacé par des modèles au tableau noir, du moins pour l'écriture cursive.

On ne négligera pas l'écriture en gros, si importante dans le cours de la vie.

On abordera l'étude de la ronde et de la bâtarde dans les formes les plus simples.

OCTOBRE.

Écriture cursive. — Étude des lettres par ordre de difficulté : *i, u, t, n, m, p, v, r; — o, c, e; — a, d, q, s, x.* — Combinaisons des éléments étudiés.

NOVEMBRE.

Lettres bouclées : *l, b, h, k; — j, y, g, z, f.* — Chiffres. — Phrases complètes contenant l'application des éléments étudiés.

DÉCEMBRE.

Étude des majuscules. Bases fondamentales : pour la forme, l'ovale; pour le trait, un trait mixte formé d'un délié initial, d'un délié final et d'un plein enflé au milieu. — *O; — I, J, H, K, Z; — V, U, Y.* — Mots et phrases contenant l'application des éléments étudiés.

JANVIER.

Étude des majuscules : *F, P, B, R; — S, L, C, G; — E, T.* — Combinaisons.

FÉVRIER.

Étude des majuscules : *A, M, N; — X, Q, D; — W.* — Combinaisons.

MARS.

Récapitulation en appuyant sur les principes qui présentent le plus de difficulté.

AVRIL.

Écriture ronde. — Éléments. Jambages droits. Jambages d'*i* et d'*u*. Jambages d'*m*. Lettres *i, u, n, m*. Lettres *o, a, c, e*. Lettres *r, v, w, s, x, z*. — Mots contenant l'application des éléments étudiés.

Mai.

Lettres *t, d, q, p*. Lettres bouclées en dessus : *l, b, h, k*. Lettres bouclées en dessous : *j, y, g, f*. — Mots contenant l'application des éléments étudiés.

Juin.

Lettres majuscules : *I, J, H, K, U ; — V, W, X ; — F, P, B, R, D : — O, A, C, L, S, E : — T, N, M, G, Y, Q, Z*. — Chiffres. — Mots contenant l'application des éléments étudiés.

Juillet et Aout.

Revision générale : cursive et ronde. — Phrases complètes, maximes, proverbes.

COURS SUPÉRIEUR

Directions particulières. — Dans ce cours, on fera une étude générale des trois principaux genres d'écriture.

On exigera que tous les devoirs soient parfaitement soignés : c'est le meilleur moyen de faire acquérir aux enfants une écriture à la fois élégante et rapide. Pour tous les genres, on évitera les formes de lettres compliquées, difficiles à tracer.

Octobre.

Écriture cursive. — Étude des lettres par ordre de difficulté *i, u, t, n, m, p, v, w, r ; — o, c, e ; — a, d, q, s, x*. — Lettres bouclées *l, b, h, k ; — j, y, g, z, f*. — Chiffres. — Phrases complètes comprenant l'application des éléments étudiés.

Novembre.

Étude des majuscules : *O ; — I, J, H, K, Z, V, W, U, Y ; — F, P, B, R*. — Mots et phrases présentant l'application des éléments étudiés.

Décembre.

Étude des majuscules : *S, L, C, G ; — E, T ; — A, M, N ; — X, Q, D*. — Phrases complètes, maximes, proverbes.

JANVIER.

Écriture ronde. — Jambages droits. Jambages d'*i*, d'*u*. Jambages d'*m*. Lettres, *i*, *u*, *n*, *m*. Lettres *o*, *a*, *c*, *e*. Lettres *r*, *v*, *w*, *s*, *x*, *z*. — Mots comprenant l'application des éléments étudiés.

FÉVRIER.

Lettres *t*, *d*, *q*, *p*. Lettres bouclées en dessus: *l*, *b*, *h*, *k*. Lettres bouclées en dessous: *j*, *y*, *g*, *f*. Mots contenant l'application des éléments étudiés.

MARS.

Lettres majuscules: *I*, *J*, *H*, *K*; — *U*, *V*, *W*, *X*; — *F*, *P*, *B*, *R*; — *D*; — *O*, *A*, *C*, *L*, *S*, *E*, *T*, *N*, *M*, *G*, *Y*, *Q*, *Z*. — Chiffres. — Mots contenant l'application des éléments étudiés.

AVRIL.

Écriture bâtarde. — Jambages droits. Jambages d'*i*, d'*u*, (rondeur en bas). Jambage d'*m*, (rondeur en haut). Lettres *i*, *u*, *n*, *m*, *r*, *t*, *l*, *h*. — Mots comprenant l'application des éléments étudiés.

MAI.

Lettres *o*, *c*, *e*, *a*, *d*, *q*, *j*, *y*, *g*, *v*, *w*, *s*, *x*, *z*, *b*, *k*, *f*, *p*. — Mots comprenant l'application des éléments étudiés.

JUIN.

Lettres majuscules: *O*, *C*; — *I*, *J*, *H*, *K*, *F*, *P*, *B*, *R*; — *U*, *V*, *Y*, *G*; — *M*, *N*, *A*; — *X*, *Q*, *T*, *L*, *S*, *E*, *D*, *W*, *Z*. — Chiffres. — Phrases complètes, maximes, proverbes.

JUILLET ET AOUT.

Revision générale.

RÉCITATION

Directions générales. — Les exercices de récitation ont pour but d'orner la mémoire de l'enfant, de cultiver son intelligence et son cœur et de former son style.

Bien choisis, ils peuvent venir en aide à tous les enseignements de l'école, notamment à la morale, à l'histoire et même à l'agriculture, pour la faire aimer.

Avant d'être donné à étudier, chaque morceau est lu par le maître avec le ton et l'expression convenables, expliqué et résumé de manière à ce qu'aucun passage ne reste obscur ou incompris.

Des recueils spéciaux pourront être mis entre les mains des enfants, mais il est loisible aux maîtres de glaner un peu partout et d'approprier leur choix à l'âge et au degré de culture de leurs élèves.

Des revisions trimestrielles préviendront les défaillances de la mémoire.

COURS PRÉPARATOIRE ET ÉLÉMENTAIRE

Directions particulières. — Récitation de poésies d'un genre très simple.

Le maître fera d'abord une causerie ayant trait au morceau à étudier, il lira ensuite ce morceau en donnant les explications utiles sur le sens général et la vérité morale qui s'en dégage.

Avec les commençants, des poésies de quelques vers seront apprises et récitées collectivement, puis individuellement sous la direction du maître d'abord et des moniteurs ensuite.

COURS MOYEN

Directions particulières. — Récitation de fables, de petites poésies, de quelques morceaux de prose.

Le maître veillera à ce que les élèves récitent lentement et sur le ton convenable ; il les questionnera sur le sens des mots, sur les idées principales et la pensée qui se dégage du morceau. Le nom de l'auteur sera l'objet de quelques explications.

De temps en temps l'exercice sera suivi d'un résumé écrit.

COURS SUPÉRIEUR

Directions particulières. — Les morceaux destinés à ce cours seront empruntés le plus souvent aux grands auteurs des XVIIe, XVIIIe et XIXe siècles.

Le maître insistera sur les nuances particulières de ton que comportent les différentes parties du texte à apprendre, sur la beauté de certains passages, de telle sorte que les élèves se fassent quelque idée de sa valeur littéraire, surtout au point de vue du rapport des moyens employés par l'auteur avec le but qu'il s'est proposé.

Des notions sommaires de littérature pourront être données par la biographie des auteurs des morceaux étudiés.

LANGUE FRANÇAISE

Directions générales. — La langue française est toujours la partie faible de nos programmes, parce qu'on s'attache trop à la dictée et pas assez à l'étude du vocabulaire et à la rédaction.

Ces critiques, formulées chaque année au rapport général sur la situation de l'enseignement primaire, indiquent l'orientation à donner à cette étude.

L'enseignement du français n'a pas seulement pour but la connaissance de l'orthographe des mots, mais celle de leur sens et de leur emploi, ainsi que l'apprentissage de la composition française, si nécessaire à tous sous ses diverses formes; quoi de plus utile que de savoir trouver, disposer, exprimer ses idées? Ainsi entendu, il aide puissamment à la culture de l'esprit et à celle du sens moral, et l'on doit tenir grand compte de cette influence dans le choix et l'explication des exercices.

L'étude des règles de la grammaire sera faite dans tous les cours et surtout dans le cours élémentaire et la section enfantine en s'appuyant sur de nombreux exemples, desquels les élèves tireront, par une induction facile, la règle ou la définition.

Les devoirs d'application seront courts et corrigés avec soin; les dictées, également courtes, seront surtout empruntées aux auteurs classiques; on ne cherchera pas à y accumuler les difficultés, et l'on devra tenir compte, en les choisissant, non seulement de leur valeur comme exercice d'application, mais de celle qu'elles auront au point de vue de l'éducation et de l'instruction.

Sans abuser des analyses grammaticales et logiques, on ne devra pas les négliger. Des exercices assez fréquents sur la formation des mots aideront à se rendre compte du sens et de la parenté de ceux-ci. Ces exercices seront écrits ou oraux. C'est en parlant avec les élèves, c'est surtout en les faisant parler que les maitres enrichiront le plus sûrement leur vocabulaire.

Les devoirs de rédaction auront d'abord pour objet la composition de petites phrases sur des sujets connus de l'enfant; ils comprendront ensuite des questions empruntées à toutes les matières du programme, notamment à la morale, l'instruction civique, l'histoire, les sciences physiques et naturelles.

COURS PRÉPARATOIRE

Directions particulières. — La grammaire, très simplifiée, réduite aux règles essentielles, sera enseignée bien plus par des applications et des exemples que par la récitation mécanique des règles.

La leçon sera exposée au tableau noir sur des exemples bien choisis. De l'explication de ces exemples on tirera les définitions et les règles.

Pour les exercices d'application, le maître se servira d'abord de mots représentant des êtres ou des choses que l'enfant connait, puis de petites phrases sur des notions usuelles.

Des dictées de mots isolés, d'assemblages de deux ou trois mots, puis de très petites phrases, seront faites au tableau noir : ce qui parle aux yeux parle à la mémoire.

Dans les exercices de conjugaison orale, le verbe fera partie d'une phrase simple et courte.

Deux fois par semaine, le programme comprendra des exercices de vocabulaire et de composition française. Pour préparer l'enfant à ces exercices, le maître le fera parler fréquemment; il causera avec lui de manière à augmenter peu à peu son vocabulaire si restreint. Il lui fera nommer des objets qui l'entourent ou qu'on lui montre dans les leçons de choses, chercher des qualificatifs, etc. Il l'habituera à répondre par des phrases complètes et autrement que par *oui* ou par *non*.

OCTOBRE.

Lettres et mots. — Lettres : voyelles et consonnes; les trois sortes d'e. Syllabes et mots.

Exercices oraux ou écrits. — Conversations dans lesquelles on fera nommer les différentes parties du corps, les vêtements. — Noms empruntés au programme de leçons de choses pour le mois.

NOVEMBRE.

Idée du nom. — Le nom : exemples, définition. Nom propre et nom commun.

Exercices oraux ou écrits. — Continuation des exercices précédents. Nommer, puis écrire, les noms des objets placés dans la maison, dans l'école, que les enfants peuvent voir au dehors, ou dont on peut leur donner l'idée, par la description, le dessin, l'image.

DÉCEMBRE.

Le nom (suite). — Le genre et le nombre dans les noms.

Exercices oraux ou écrits. — Continuation des exercices précédents. Au moyen de questions, faire trouver le nom d'un objet, de celui qui le fabrique, de l'endroit où il est fabriqué, des outils avec lesquels on le fait, etc.

Revision trimestrielle.

JANVIER.

Le nom (suite). — Règle générale de la formation du pluriel dans les noms. Exercices d'application.

Exercices oraux ou écrits. — Faire construire de petites phrases oralement, puis par écrit, avec l'aide du tableau noir. Lectures très brèves faites par le maître, écoutées et racontées par les enfants.

Continuation des exercices indiqués pour les mois précédents.

FÉVRIER.

L'adjectif. — Exemples, définition. Formation du féminin : règle générale. Formation du pluriel : règle générale.

Exercices oraux ou écrits. — Continuation des exercices de vocabulaire sous la forme indiquée plus haut. Composition de petites propositions réduites à leurs termes essentiels.

MARS.

L'adjectif (suite). — Accord de l'adjectif avec le nom.

Exercices oraux ou écrits. — Construction de petites propositions variées. Descriptions d'images.

Revision trimestrielle.

AVRIL.

Le verbe. — Exemples, définition. Conjugaison orale des verbes aux trois temps principaux : présent, passé, futur.

Exercices oraux ou écrits. — Continuation des exercices sur la construction de petites propositions variées.

MAI.

Le verbe (suite). — Nombreux exercices de conjugaison orale. Idée des verbes auxiliaires.

Exercices oraux ou écrits. — Continuation des exercices sur le vocabulaire et la construction de petites phrases de deux ou trois propositions courtes.

JUIN, JUILLET, AOUT.

Revision générale.

COURS ÉLÉMENTAIRE

Directions particulières. — Mêmes procédés que pour le cours préparatoire. Etude plus détaillée des dix parties du discours.

Le maître s'attachera à préparer les enfants à la composition française. Il les fera causer afin de les habituer à exprimer leurs idées. Il leur fera expliquer des images, celles de leurs livres, des tableaux d'histoire, etc., de vive voix d'abord, puis par écrit ; il leur fera décrire un objet en les aidant par des questions orales, puis écrites, lorsque le devoir deviendra écrit lui-même ; reproduire oralement un récit, d'abord très court et très simple, puis un peu plus long.

Afin de continuer à enrichir le vocabulaire restreint de l'enfant, l'instituteur devra avant tout, dans les leçons de lecture, les dictées, etc., ne laisser jamais passer de mots incompris ; il exigera qu'on lui donne une définition, qu'on lui montre au moins l'objet ou son image. A cet effet, il interrogera et donnera les explications nécessaires. De cette façon, les élèves s'habitueront à ne glisser sur aucun mot sans en comprendre le sens.

On fera trouver des noms, des adjectifs, des verbes, etc.; compléter des phrases; chercher des mots de même famille, des mots désignant des personnes ou des choses dont les occupations ou l'emploi se rattachent à un même objet, des mots s'appliquant à des groupes d'objets, etc.; chercher des comparaisons; faire remplacer une périphrase par un mot. Des phrases complètes seront toujours exigées.

Octobre.

Grammaire. — Le mot : ses éléments; les trois sortes d'e, Signes orthographiques et signes de ponctuation.

Vocabulaire. — Les parties du corps ; les vêtements.

Composition française. — Description orale, puis écrite à l'aide de questions, d'un objet placé sous les yeux des élèves. Reproduction orale d'une historiette courte et très simple racontée ou lue par le maître.

Novembre.

Grammaire. — Nom : exemples, définition. Nom commun, nom propre. — Le verbe : définition. Les trois temps principaux.

Vocabulaire. — Noms de parenté, d'âge ; objets de la maison. Trouver quelques verbes d'action.

Composition française. — Continuation des exercices précédents. Description sommaire d'un objet ayant servi pour faire une leçon de choses. Explication d'images, oralement, puis par écrit.

Décembre.

Grammaire. — Genre et nombre des noms. Pluriel par s. — L'article. — Exercices oraux de conjugaison au présent de l'indicatif. Le sujet : comment on le reconnait.

Vocabulaire. — Objets de l'école, de la rue, etc.

Composition française. — Portrait d'un animal ; exercices d'intelligence d'après un questionnaire.

Revision trimestrielle.

Janvier.

Grammaire. — Principales exceptions à la règle du pluriel des noms. — Idée des adjectifs déterminatifs. — Exercices oraux de conjugaison à l'imparfait de l'indicatif. Le complément du verbe, comment on le trouve.

Vocabulaire. — Noms de professions. Verbes désignant les actions faites par les ouvriers.

Composition française. — Rédactions sur images.

Février.

Grammaire. — Adjectif qualificatif : exemples, définition. Formation du féminin et du pluriel : règle générale. — Exercices oraux de conjugaison au futur.

Vocabulaire. — Outils et ustensiles. Ajouter à des noms des adjectifs convenables.

Composition française. — Petites narrations d'après un plan détaillé.

Mars.

Grammaire. — Accord de l'adjectif. — Idée du pronom. — Exercices oraux de conjugaison au conditionnel.

Vocabulaire. — Pierres et métaux. Ajouter à des noms des qualificatifs convenables.

Composition française. — Description d'une maison, d'un monument.

Revision trimestrielle.

Avril.

Grammaire. — Le verbe : étude des terminaisons des modes; analyse des verbes; conjugaison orale au passé défini.

Vocabulaire. — Plantes, fleurs, fruits. Faire ajouter à des noms des compléments déterminatifs.

Composition française. — Petite lettre sur un sujet très simple.

Mai.

Grammaire. — Continuation de l'étude du verbe. Avoir et être.

Vocabulaire. — Noms d'animaux; actions accomplies par eux; verbes les exprimant. Verbes de sentiment.

Composition française. — Traduction en prose d'une petite poésie.

Juin.

Grammaire. — Continuation de l'étude des auxiliaires avoir et être; les conjuguer à tous les temps.

Vocabulaire. — Exercices de comparaison. Quelques termes figurés très simples.

Composition française. — Rédactions diverses d'après canevas détaillé.

Juillet et Aout.

Revision générale.

Observation. — L'ordre ci-dessus indiqué pour les sujets de composition française n'est pas absolument de rigueur, l'essentiel est que le cercle entier en soit parcouru dans l'année.

COURS MOYEN

Directions particulières. — Le maître continuera d'employer pour l'étude de la grammaire les procédés en usage dans les cours précédents; il fera de plus en plus appel à l'initiative des élèves et les amènera à trouver, autant que possible, la raison des règles étudiées.

Les dictées, prises le plus souvent dans les auteurs classiques, et sans rechercher des difficultés grammaticales, auront de dix à douze lignes.

L'analyse grammaticale sera surtout orale et l'analyse logique se bornera aux distinctions fondamentales.

La composition française prendra la plus grande place dans les devoirs écrits. Les sujets, très variés, comprendront des comptes rendus de lecture, des traductions en prose de poésies courtes et simples, des narrations, des descriptions, etc., rédigées d'après un sommaire donné par le maître. Vers la fin du cours on s'efforcera d'amener les élèves à trouver et à coordonner eux-mêmes leurs idées.

L'étude du vocabulaire comprendra d'abord une revue des acquisitions précédentes ; puis on s'occupera des acquisitions nouvelles, venues de la lecture, des leçons de toute espèce, et d'exercices sur les familles de mots, sur la formation des mots par préfixes et suffixes dont la signification et l'emploi seront rendus sensibles par des exemples.

Octobre.

Grammaire. — Revision des notions sur le nom, l'adjectif et le verbe. Signes orthographiques et de ponctuation. — Les dix parties du discours. La proposition.

Vocabulaire. — Trouver des mots de même famille, de même sens, désignant des objets de même genre. Voir le programme du cours élémentaire pour la succession des sujets d'exercices.

Composition française. — Reproduction de récits et de lectures faites par le maître.

Novembre.

Grammaire. — Nom : espèce, genre, nombre, pluriel; notions sur le pluriel des noms composés, des noms propres ; fonction des noms. — Article. — Exercices de conjugaison ; radical, terminaison. — Continuation de l'étude de la proposition.

Vocabulaire. — Ce qu'on appelle famille de mots ; exemples. Homonymes.

Composition française. — Courtes narrations d'après un plan donné.

Décembre.

Grammaire. — Adjectifs qualificatifs et adjectifs déterminatifs : formation du féminin et du pluriel ; accord des adjectifs. — Exercices sur le nom, l'adjectif et le verbe. — Continuation de l'étude de la proposition.

Vocabulaire. — Familles de mots (suite). — Préfixes ; mots composés ; faire trouver d'après des exemples le sens et l'emploi des préfixes. — Synonymes.

Composition française. — Description d'objets connus de l'enfant. Portraits d'animaux. Petites lettres familières.

Revision trimestrielle.

Janvier.

Grammaire. — Pronoms : différentes sortes, règles d'accord, analyse et fonction des pronoms. — Exercices sur le nom, l'adjectif, le pronom et le verbe.

Vocabulaire. — Familles de mots (suite). Suffixes ; mots dérivés. — Contraires.

Composition française. — Poésies mises en prose. Signaler les qualités et les défauts du style.

Février.

Grammaire. — Le verbe : sujet, complément ; nombre, personnes ; modes, temps, conjugaisons ; règles d'accord.

Vocabulaire. — Familles de mots (suite). Préfixes et suffixes, mots composés et mots dérivés. — Contraires de noms, d'adjectifs.

Composition française. — Lettres sur des sujets simples. — Qualités essentielles du style épistolaire.

Mars.

Grammaire. — Verbes auxiliaires. Verbes attributifs. Rattacher ces notions à celles que l'on a déjà données dans l'étude de la proposition. — Verbes actifs et verbes neutres. — Les quatre conjugaisons.

Vocabulaire. — Familles de mots (suite). — Principales acceptions d'un même mot. — Contraires de verbes, d'adverbes.

Composition française. — Premiers essais de composition d'un plan. — Petits récits. — Dialogues.

Revision trimestrielle.

Avril.

Grammaire. — Conjugaison des verbes passifs, pronominaux et impersonnels. — Etude des verbes irréguliers. — Exercices variés sur les parties du discours antérieurement étudiées.

Vocabulaire. — Continuation des exercices précédents.

Composition française. — Lettres d'affaires.

Mai.

Grammaire. — Participe présent. Adjectif verbal. Participe passé. — Règles d'accord. — Exercices variés sur toutes les espèces de mots étudiés.

Vocabulaire. — Sens figuré de quelques mots. — Etude des diminutifs.

Composition française. — Raconter une historiette ayant pour conclusion un proverbe ou une maxime.

JUIN.

Grammaire. — Les mots invariables : Adverbe, préposition, conjonction, interjection. — Analyse grammaticale d'une phrase complète.

Vocabulaire. — Continuation des exercices sur le sens figuré de quelques mots. Etude des augmentatifs.

Composition française. — Rédactions sur divers sujets. Lettres variées. Développement de comparaisons telles que : l'enfant et l'arbrisseau, la fleur et le temps, etc.

JUILLET ET AOUT.

Exercices de récapitulation. — Revision générale.

Nota : Voir l'observation finale du cours élémentaire.

COURS SUPÉRIEUR

Directions particulières. — Dans ce cours, on emploiera les mêmes procédés d'enseignement que dans le cours moyen. On fera une étude approfondie des règles de la syntaxe ; on continuera les exercices d'analyse grammaticale et d'analyse logique ; les dictées auront de quinze à vingt lignes, et l'on donnera des rédactions dans tous les genres. La marche des saisons, le retour des fêtes de famille, les anniversaires joyeux et tristes offrent une mine féconde à exploiter pour les exercices de composition française mais les maîtres ne ne devront pas oublier que, sans une correction intelligente et raisonnée, ces exercices seraient inutiles. Pour simplifier cette correction, il pourra être fait usage de signes conventionnels, marqués sur les copies à l'encre rouge.

Dans l'étude du vocabulaire, on s'attachera à l'acquisition de mots nouveaux, par la lecture, par les leçons et les devoirs écrits ou oraux de toute espèce et pour cela, on veillera à ce que les élèves comprennent toujours le sens des mots qu'ils rencontrent. Il sera fait, comme dans les autres cours, de nombreux exercices sur la signification des mots, les préfixes, les suffixes, les familles de mots, l'étymologie usuelle, etc.

Octobre.

Grammaire. — Syntaxe du substantif. Accord. Complément. Du genre : noms qui, selon le sens, prennent des genres différents ; noms des deux genres. — La proposition, principales espèces de propositions. — Emploi des signes de la ponctuation.

Vocabulaire. — Familles de mots : mots simples, composés, dérivés, etc. — Homonymes et paronymes.

Composition française. — Narrations : composition du plan, coordination des idées.

Novembre.

Grammaire. — Syntaxe du substantif (suite). Du nombre : noms à double pluriel. Noms invariables, pluriel des noms tirés des langues étrangères, des noms composés, etc. — Propositions conjonctives. — Emploi de l'indicatif et du subjonctif.

Vocabulaire. — Continuation des exercices précédents. Etude des principaux préfixes. — Synonymes à racines identiques.

Composition française. — Narration. — Le style : principales qualités, défauts opposés.

Décembre.

Grammaire. — Syntaxe de l'article. Article défini, article indéfini. — Revision des verbes réguliers des quatre conjugaisons. — Exercices et devoirs d'application.

Vocabulaire. — Continuation des exercices précédents. — Synonymes à racines différentes.

Composition française. — Descriptions, etc.

Revision trimestrielle.

Janvier.

Grammaire. — Syntaxe de l'adjectif. Adjectifs qualificatifs : accord et complément. Adjectifs numéraux, possessifs, démonstratifs, indéfinis. — Propositions relatives.

Vocabulaire. — Familles de mots : étude des principaux

suffixes. — Idée des doublets. — Contraires de noms, d'adjectifs, de verbes, etc.

Composition française. — Lettres familières : forme de la lettre, en-tête, corps de la lettre, comment on la termine.

Février.

Grammaire. — Syntaxe du pronom. Pronoms personnels, démonstratifs, possessifs, relatifs, indéfinis. — Verbes irréguliers. Voix des verbes.

Vocabulaire. — Continuation des exercices précédents. — Diminutifs et augmentatifs.

Composition française. — Petites compositions ayant pour objet le développement d'une idée morale, l'explication de proverbes.

Mars.

Grammaire. — Syntaxe du verbe. Exceptions à la règle générale d'accord. — Conjugaisons négatives, interrogatives. — Verbes défectifs.

Vocabulaire. — Péjoratifs. Fréquentatifs. — Diverses acceptions des mots : sens primitif et sens dérivé.

Composition française. — Lettres d'affaires.

Revision trimestrielle.

Avril.

Grammaire. — Syntaxe du participe. Participe présent et adjectif verbal.

Vocabulaire. — Diverses acceptions des mots : sens dérivé et sens figuré. Les divers contraires d'un même mot.

Composition française. — Traduction de poésies en prose. Résumés de leçons sur la morale, l'histoire, les sciences.

Mai.

Grammaire. — Participe passé : Règles générales et règles particulières.

Vocabulaire. — Mots d'origine grecque.

Composition française. — Lettres et rédactions diverses. Dialogues.

JUIN.

Grammaire. — Syntaxe de l'adverbe, de la préposition et de la conjonction. Des idiotismes.

Vocabulaire. — Continuation de l'étude des mots d'origine grecque.

Composition française. — Exercices divers : comptes rendus de promenades, visites d'établissements industriels ou agricoles, etc.

JUILLET ET AOUT.

Revision générale.

Nota : Voir l'observation finale du cours élémentaire.

HISTOIRE

Directions générales. — L'enseignement de l'histoire à l'école primaire a pour but d'apprendre aux élèves comment s'est formée et développée la patrie, de leur faire connaître les grands hommes qu'elle a produits, de les entretenir des mœurs, des coutumes et des institutions du pays, de leur raconter en fait d'événements surtout ceux des derniers siècles, du nôtre en particulier. Il ne doit pas consister dans une suite de dates, de faits, de noms propres. C'est surtout la vie du peuple aux différentes époques de notre histoire qu'il doit mettre en relief : l'habitation, le costume, les moyens d'existence ; l'état social, la vie privée, civile, militaire ; l'agriculture, l'industrie, le commerce ; l'administration, la justice ; les arts et les découvertes utiles ; les progrès accomplis aux différents points de vue politique, social, intellectuel et matériel, etc.

Le maître évitera d'entrer dans le détail des guerres pour s'attacher de préférence aux causes et aux conséquences des grands faits à étudier ; il montrera comment est née la nation, comment elle a vécu, surtout depuis la fin du moyen âge ; il habituera les élèves à comparer les événements entre eux ; il fera ressortir le mérite des hommes qui ont illustré la patrie ; il ne craindra pas de flétrir les noms de ceux qui l'ont trahie ; il dira enfin ce que chacun de nous doit faire pour que la France conserve un des premiers rangs parmi les nations du monde.

COURS PRÉPARATOIRE

Directions particulières. — L'arrêté organique du 18 janvier 1887 prescrit que cet enseignement ne doit comprendre que des anecdotes, des biographies tirées de l'histoire nationale, des contes, des récits de voyages et des explications d'images. On insistera donc sur le caractère anecdotique, simple et enfantin que doivent avoir les récits ou entretiens familiers sur des sujets détachés, entre lesquels il n'y a pas un lieu obligé. Ce sera une sorte de leçon de choses où l'on se servira d'images, de tableaux, en s'adressant surtout à l'imagination des enfants.

Octobre.

Aspect de la Gaule. Un village gaulois. La récolte du gui. Vercingétorix et César. Un guerrier franc. Clovis et le vase de Soissons. Une villa royale.

Novembre.

Charles-Martel à Poitiers. Portrait de Charlemagne. Les Normands ; siège de Paris. Un château féodal. Misères dans les campagnes.

Décembre.

La réception d'un chevalier. Pierre l'Ermite. Godefroy de Bouillon. Suger, le père du peuple. Une ville au moyen âge. Le beffroi.

Revision trimestrielle.

Janvier.

Saint Louis et Blanche de Castille. Saint Louis sous le chêne de Vincennes. Les Bourgeois de Calais. Le Grand Ferré. Bertrand Duguesclin. Jeanne d'Arc.

Février.

Jeanne Hachette à Beauvais. Christophe Colomb. Guttenberg. Louis XII, le père du peuple. Bayard et Bourbon. Henri IV et Sully.

Mars.

Saint Vincent de Paul. Colbert et Louvois. Turenne et Condé. Jean-Bart. Fénelon.

Revision trimestrielle.

Avril.

La peste de Marseille. Chevert à Prague. Le chevalier d'Assas. Montcalm au Canada. Turgot.

Mai.

Les volontaires de 1792. Kellermann à Valmy. Carnot, Hoche, Marceau, Kléber. Le hussard Bara. Le vaisseau *Le Vengeur*. Bonaparte.

JUIN.

Conquête de l'Algérie ; Abd-el-Kader ; le général Bugeaud. Lamartine et le drapeau rouge. Patriotisme de nos armées en 1870 ; les malheurs de la France ; la France se relève. L'école et l'armée. Les expositions universelles. Les Présidents de la République.

JUILLET ET AOUT.

Revision générale.

COURS ÉLÉMENTAIRE

Directions particulières. — L'enseignement continuera d'avoir un caractère anecdotique et pittoresque, mais en suivant rigoureusement l'ordre chronologique. Le maître indiquera les principales causes et les principales conséquences des grands faits ; il évitera de s'arrêter aux détails, aux dates inutiles, aux événements sans importance ; il pourra déjà exercer le jugement de ses élèves, en leur montrant les qualités et les défauts des personnages qu'il placera sous leurs yeux.

L'emploi du livre ne sera pas sans utilité, à condition que le maître ait su d'abord exposer clairement sa leçon.

OCTOBRE.

La Gaule ; ses limites. Aspect de la Gaule. Portrait des Gaulois ; leurs mœurs. Un village gaulois. Les druides ; la cueillette du gui. — Conquête de la Gaule ; Vercingétorix et César. — La Gaule romaine. — La Gaule chrétienne ; les persécutions.

NOVEMBRE.

Invasion de la Gaule ; les Francs ; les Huns ; Mérovée et Attila. — La Gaule à l'avènement de Clovis. Le vase de Soissons. Mariage de Clovis. Tolbiac ; baptême de Clovis. Vouillé. — Brunehaut et Frédegonde.

DÉCEMBRE.

Invasion des Arabes ; bataille de Poitiers. — Pépin le Bref. — Charlemagne et ses guerres : faits essentiels. Charlemagne empereur ; Charlemagne et son administration ; Charlemagne et les écoles.

Revision trimestrielle.

Janvier.

Les successeurs de Charlemagne. Traité de Verdun. — Les Normands ; siège de Paris. Etablissement des Normands en France. — La Féodalité ; suzerains et vassaux.

Février.

L'Eglise ; la trêve de Dieu. — La chevalerie. — Les premiers Capétiens ; les pauvres de Robert le Pieux. — La première croisade ; Pierre l'Ermite ; Godefroy de Bouillon. Résultats des Croisades.

Mars.

Une ville au moyen âge. Une commune. Louis VI le Gros et les communes. — Louis VII le Jeune et l'abbé Suger. — Philippe-Auguste à Bouvines. — Extension du pouvoir royal.

Revision trimestrielle.

Avril.

Saint Louis et Blanche de Castille. La 1re croisade de saint Louis ; saint Louis sous le chêne de Vincennes ; saint Louis à Tunis ; sa mort. — Philippe IV le Bel ; son caractère. Les premiers Etats généraux. Les Templiers. Le Parlement.

Mai.

Philippe VI de Valois. Causes de la guerre de cent ans. Crécy. Eustache de Saint-Pierre et les bourgeois de Calais. — Jean le Bon à Poitiers. Etienne Marcel et les États généraux. La Jacquerie. Traité de Brétigny. — Charles V ; son caractère. Duguesclin.

Juin.

Minorité de Charles VI. Les Armagnacs et les Bourguignons. Bataille d'Azincourt. Traité de Troyes. — Charles VII ; son caractère ; état de la France à son avènement. Jeanne d'Arc, à Domremy, à Chinon, à Orléans et à Reims, à Compiègne, à Rouen. Expulsion définitive des Anglais. — Progrès de l'industrie et du commerce pendant le XIVe et le XVe siècles.

JUILLET ET AOUT.

Revision générale.

COURS MOYEN

Directions particulières. — Le programme comprend surtout la période moderne et la période contemporaine. Il exige que la mémoire et l'intelligence des enfants soient particulièrement mises en jeu. Le maître s'attachera donc à un enchaînement sérieux de ses leçons pour bien faire comprendre la suite des événements; il évitera les détails inutiles pour s'arrêter aux faits les plus importants, à ceux qui laissent une trace marquée dans la vie d'un peuple; il insistera sur la formation de l'unité nationale, au double point de vue du territoire et du gouvernement; il montrera comment l'esprit français s'est développé, comment les mœurs, les institutions et les grands patriotes ont préparé la France actuelle. Il ne négligera pas de rattacher l'histoire locale à l'histoire nationale pour aider à la mieux comprendre.

Le livre d'histoire est indispensable pour fournir les développements des leçons ou en donner les résumés, mais il ne devra jamais remplacer la parole du maître.

OCTOBRE.

Courte revision des plus grands faits de l'histoire de France depuis les origines jusqu'à 1453. — Institutions et administration de Charles VII. Augmentation du pouvoir royal et formation de l'unité nationale; développement du sentiment patriotique.

Règne de Louis XI. Faits importants; ruine de la féodalité. Administration de Louis XI: les Parlements, les Postes, accroissement du domaine royal.

NOVEMBRE.

Régence d'Anne de Beaujeu. Etats généraux de 1484. Les guerres d'Italie sous Charles VIII et Louis XII. Administration de Louis XII.

François Ier. Continuation et résultats des guerres d'Italie.

François Ier et Charles-Quint. Rivalité de la France et de la maison d'Autriche.

Henri II. Conquête des trois Evêchés. Bataille de Saint-Quentin. Prise de Calais.

Le gouvernement sous François Ier et Henri II. — Inventions à la fin du moyen âge. Découvertes maritimes et grands navigateurs.

La Renaissance et la Réforme : principaux personnages, principaux faits, conséquences.

Décembre.

Henri IV et Sully. — État de la France à la fin du XVIe siècle.

Louis XIII. Régence de Marie de Médicis. Etats généraux de 1614. Richelieu.

Louis XIV. Anne d'Autriche. Paix de Westphalie. Saint Vincent de Paul. Guerre contre l'Espagne ; traité des Pyrénées. Louis XIV et la cour. Colbert et Louvois. Principaux événements du règne de Louis XIV. Etat de la France en 1715. Les grands hommes du XVIIe siècle.

Revision trimestrielle.

Janvier.

Louis XV. La Régence. Principaux ministres. Grandes guerres et traités qui les ont suivies. Rivalité coloniale de la France et de l'Angleterre. Réunion de la Corse et de la Lorraine à la France. Les écrivains du XVIIIe siècle. Progrès des sciences.

Louis XVI. Principaux ministres. Intervention de la France en Amérique. Convocation des Etats généraux. L'ancien régime : divisions administratives de la France ; le roi, l'état social, les parlements, l'armée ; le travail, l'industrie, le commerce, l'agriculture ; les campagnes ; la misère et les embarras financiers en 1789.

Février.

L'Assemblée constituante et son œuvre. — L'Assemblée législative. Journées du 20 juin et du 10 août. Massacres de Septembre. La patrie en danger.

La Convention. Proclamation de la République. Girondins et Montagnards. La Terreur. Travaux de la Convention. Constitution de l'an III. Les guerres de la Révolution; les plus grands événements. Les héros de la République : Carnot, Hoche, Marceau, etc. Le vaisseau *le Vengeur*.

Mars.

Le Directoire. Continuation des guerres avec l'Europe. Campo-Formio. Expédition d'Egypte. Le 18 brumaire.

Le Consulat. Constitution de l'an VIII Guerres avec l'Allemagne et l'Autriche. Paix de Lunéville et d'Amiens. Institutions du Consulat.

L'Empire. Les faits essentiels des guerres de l'Empire; le blocus continental et ses diverses conséquences. Administration impériale.

Première Restauration : la Charte de 1814. Les cent jours. Seconde Restauration : les traités de 1815.

Revision trimestrielle.

Avril.

Louis XVIII. La réaction. Evacuation du territoire. Expédition d'Espagne.

Charles X. Lois impopulaires. Expédition en Grèce. Prise d'Alger. Ordonnances de Juillet. La Révolution de 1830.

Louis Philippe. Principaux ministres. Loi sur l'instruction primaire. Les chemins vicinaux; les chemins de fer. Intervention en Belgique. Question d'Orient. Conquête de l'Algérie; importance de cette conquête. La Révolution de 1848.

Les lettres, les arts, les sciences, la navigation, etc., les progrès de l'industrie, du commerce et de l'agriculture de 1789 à 1848.

Mai.

Gouvernement provisoire de 1848. Proclamation de la République. La suffrage universel. L'Assemblée constituante. Journées de Juin. Election de Louis Bonaparte à la Présidence. La Législative. Coup d'Etat du 2 décembre. Constitution de 1852. Proclamation de l'Empire. — Administration impériale; progrès matériels réalisés. La guerre de Crimée; congrès de Paris. Guerre d'Italie et ses conséquences. Expéditions en Chine et au Mexique. L'instruction publique et M. Duruy. Affaiblissement de l'Empire.

JUIN.

Guerre franco-allemande : causes, principaux faits, traité de Francfort.

La troisième République; l'Assemblée nationale ; la Commune. Constitution de 1875. Le seize mai 1877. Expéditions en Tunisie et au Tonkin.

L'œuvre de la troisième République. Consolidation du crédit de la France. Réorganisation du pays. Les lois militaires et scolaires. Extension des voies de communication. Progrès des sciences. Grandes expositions universelles. Accroissement de notre empire colonial.

JUILLET ET AOUT.

Revision générale.

COURS SUPÉRIEUR

Directions particulières. — L'étude de l'histoire ancienne aura pour but de montrer ce que nous a légué l'antiquité sous le rapport des idées, de la langue, du droit, des institutions, etc. Les questions d'histoire générale du moyen âge et des temps modernes seront développées de manière à montrer aux enfants le contact qu'a eu notre pays avec le dehors, et, par suite, à faire comprendre notre situation et nos relations actuelles.

OCTOBRE.

Aperçu général sur l'histoire des peuples anciens : Egyptiens, Hébreux, Phéniciens, Assyriens et Babyloniens.

Les Grecs. Quelques mots sur la géographie ancienne de la Grèce (Athènes, Sparte, etc.). Les guerres médiques.

NOVEMBRE.

Lettres et arts au siècle de Périclès. Alexandre le Grand.

Les Romains. Géographie ancienne de l'Italie. La République romaine. Les principales institutions. Conquêtes des Romains. La civilisation romaine en Gaule. Lettres et arts au siècle d'Auguste. L'empire. Ce que nous ont légué les Romains : idées, droit, langue.

DÉCEMBRE.

Revision du cours moyen pour l'histoire de la Gaule jusqu'au traité de Verdun.

Le monde Barbare. Le Christianisme en Gaule. Les invasions.

Revision trimestrielle.

JANVIER.

Revision du cours moyen depuis le traité de Verdun jusqu'à la guerre de cent ans.

Les Arabes : Mahomet, conquêtes, civilisation. Les Normands en Europe. La féodalité en France et en Europe. Rôle et influence de l'Eglise et de la papauté au moyen âge ; ordres religieux ; monastères et édifices. La Chevalerie.

FÉVRIER.

Revision du cours moyen depuis la guerre de cent ans jusqu'à la Renaissance.

Formation des principaux Etats de l'Europe occidentale et accroissement du pouvoir royal. Les Turcs en Europe.

MARS.

Revision du cours moyen depuis la Renaissance jusqu'à la guerre de trente ans.

Grandes inventions, découvertes et voyages à la fin du moyen âge. Renaissance et Réforme en Europe. Réaction catholique.

Revision trimestrielle.

AVRIL.

Revision du cours moyen depuis la guerre de trente ans jusqu'à 1789.

Décadence de l'Espagne sous Philippe II. L'Angleterre et Elisabeth. Guerre de trente ans. Les deux révolutions d'Angleterre. Fondation de l'empire colonial anglais. Les Etats-Unis. La Russie et Pierre le Grand. La Prusse et Frédéric II.

Mai.

Revision du cours moyen depuis 1789 jusqu'à 1848.

La Sainte-Alliance. Question d'Orient; la Grèce et l'Egypte. Les Russes et les Anglais en Asie. Fondation du royaume d'Italie.

Juin.

Revision du cours moyen depuis 1848 jusqu'à nos jours.

La Prusse et l'Allemagne. Les républiques américaines. Guerre de sécession.

Progrès des sciences, des arts, de l'industrie; grandes expositions.

Expansion coloniale au XIXe siècle. Développement de l'instruction et des libertés.

Juillet et Aout.

Revision générale.

GÉOGRAPHIE

Directions générales. — L'enseignement de la géographie offre peu de difficultés, parce qu'il a pour objet des notions concrètes. Il ne doit pas s'adresser exclusivement à la mémoire, mais aussi, dans la mesure du possible, à l'imagination et au raisonnement. On s'efforcera de mettre en jeu les diverses facultés intellectuelles ; pour cela on prendra soin de rendre évidente la relation qui existe dans la nature entre les faits qui sont du domaine des trois grandes divisions, physique, politique et économique de la géographie. On évitera ainsi de faire de cette matière, comme il arrive trop souvent encore, une étude aride, une sèche nomenclature.

La leçon n'aura jamais lieu qu'avec le concours de la carte qui s'y rapporte. Les élèves seront eux-mêmes exercés au tracé des croquis et des cartes.

COURS PRÉPARATOIRE ET ÉLÉMENTAIRE

Directions particulières. — On remarquera que le programme de ces deux cours ne peut et ne doit avoir en vue qu'une initiation à l'étude de la géographie.

La méthode par excellence est la méthode intuitive. Il faudra donc toujours donner aux élèves des notions concrètes, éveiller chez eux l'esprit d'observation, l'appliquer à l'examen des faits dont ils sont quotidiennement témoins. On les amènera graduellement à saisir les analogies qu'il est possible d'établir entre ce qui existe en grand dans la nature et ce qu'ils ont tous les jours sous les yeux. Avec de jeunes enfants, il importe bien moins de faire appel à la mémoire qu'à l'imagination et au jugement ; il ne faut demander à la première que juste assez pour satisfaire à ce précepte pédagogique : savoir peu, mais bien.

Octobre.

L'horizon, les points cardinaux, l'orientation. Ce que c'est qu'un plan, une carte. Plan de l'école et de ses dépendances.

Plan des rues du village. Plan des hameaux. Carte de la commune et des communes limitrophes.

Novembre.

Explication des termes géographiques, en partant toujours d'objets vus par l'élève et en procédant par analogie. Idée de la représentation cartographique. Eléments de la lecture des plans et des cartes. Exercices d'observation sur les principaux accidents du sol.

Décembre.

Entretiens sur le lieu natal et sur la géographie locale.
Revision trimestrielle.

Janvier.

La terre : sa forme, son étendue, ses mouvements. Jour et nuit. Saisons. Représentation de la terre : globe terrestre, mappemonde. Continents et océans. Place de la France sur le globe.

Février.

Grandes divisions du globe. Principales subdivisions.

Mars.

Eléments de la géographie de la France : relief, principaux cours d'eaux.
Revision trimestrielle.

Avril.

La France (suite). — Les mers, les côtes, le climat.

Mai.

La France (suite). — Etude sommaire des départements avec les préfectures.

Juin.

La France (suite). — Etude sommaire des départements avec les préfectures. Principales productions de la France.

Juillet et Aout.

Revision générale.

COURS MOYEN

Directions particulières. — Dans le programme établi pour le cours moyen, la géographie de la France est l'objet d'une étude particulière ; elle est suivie de quelques notions très rapides sur l'Europe et sur les autres parties du monde.

Le maître emploiera surtout la méthode descriptive. Des lectures bien choisies pourront être de temps en temps un utile complément à la leçon. Le jugement et le raisonnement seront particulièrement exercés quand il s'agira d'enseigner en quoi consistent nos principales richesses agricoles, industrielles ; quand il faudra montrer la nécessité où nous sommes de faire des échanges avec l'étranger et indiquer la nature et l'importance de ces échanges. Dans le même ordre d'idées, il conviendra d'expliquer l'utilité des colonies, les divers services qu'elles sont appelées à nous rendre.

OCTOBRE.

Notions sommaires de cosmographie : forme de la terre, axe, pôles, équateur, parallèles, méridiens, longitude et latitude (Donner comme exemple la longitude et la latitude de sa ville ou de son village). — Représentation de la terre : globes terrestres, cartes. — Distinction entre la géographie physique et la géographie politique. Explication des principaux termes de la géographie politique : Etats, provinces, comtés, départements, etc.

NOVEMBRE.

Revision de l'étude de la commune : ses productions, son commerce, son industrie ; voies de communication. — Etude du canton, de l'arrondissement, du département. Accidents physiques. Cours de l'Eure et du Loir, et de leurs principaux affluents. Chemins de fer. Productions agricoles : les céréales, la betterave, la pomme, etc. Elevage : le cheval, le mouton, etc. Principales industries.

DÉCEMBRE.

Notions sommaires sur les grandes divisions du globe : Europe, Asie, Afrique, Amérique et Océanie. — Etude de l'Europe. Géographie physique : ligne de partage des eaux, montagnes, volcans, fleuves, îles, etc. Géographie politique : Etats et capitales, importance et situation; principales productions, objets d'échange avec la France.

Revision trimestrielle.

Janvier.

Géographie physique de la France. — Forme, limites, superficie, longitude et latitude moyennes de la France ; climat ; fleuves et rivières divisés par bassins ; chaînes de montagnes et principales ramifications ; plateau central ; canaux latéraux et canaux de jonction ; étude des frontières.

Février.

Géographie politique de la France. — Anciennes divisions, provinces ; nouvelles divisions, départements ; préfectures et sous-préfectures. — Provinces du Nord et de l'Ouest. Départements qu'elles ont formés, préfectures et sous-préfectures, autres lieux remarquables. Productions : agriculture, commerce et industrie.

Mars.

Géographie politique de la France (suite). — Provinces du Sud et de l'Est. Départements qu'elles ont formés, etc. (mêmes développements que ci-dessus).

Avril.

Géographie politique de la France (suite). — Provinces du Centre. Départements qu'elles ont formés, etc. (mêmes développements que ci-dessus). — Voies de communication. Quelques notions sur la population de la France, le gouvernement, l'administration générale.

Revision de la géographie de la France.

Mai.

Etude de l'Asie. — Géographie physique : montagnes, volcans, fleuves, îles, etc. Géographie politique : principales contrées, gouvernements ; productions, objets d'échange avec l'Europe, particulièrement avec la France. — Etude spéciale des colonies françaises en Asie.

Etude de l'Océanie (mêmes développements que ci-dessus).

Juin.

Etude de l'Afrique et de l'Amérique (mêmes développements que ci-dessus).

Juillet et Aout.

Quelques notions de géographie générale. Races humaines. Grandes lignes de navigation. Lignes télégraphiques. Câbles sous-marins.

Revision générale, particulièrement de la géographie de la France et de ses principales colonies.

COURS SUPÉRIEUR

Directions particulières. — Le programme du cours supérieur sera le même que celui du cours moyen, mais plus développé et complété par un exposé très sommaire des voyages de découvertes, dans les temps modernes et dans la période contemporaine.

Comme méthode et procédés on suivra ce qui a été dit au cours moyen.

Octobre.

Revision des notions données au cours moyen. — Cosmographie : différences entre les étoiles et les planètes ; les satellites des planètes ; la terre et son satellite ; mouvements de la terre, jours et nuits, saisons. Océans, courants. L'atmosphère, le vent, la pluie, la neige. Méridiens, équateur, parallèles, zônes. — Races humaines.

Novembre.

Géographie physique et politique de l'Europe. — Montagnes, fleuves, rivières, etc. Les 21 contrées : situation, frontières et importance de chacune d'elles ; capitales, population, divisions politiques. Principales productions : agriculture, commerce et industrie ; objets d'échange avec la France. Dépendances et colonies.

Décembre.

Géographie physique de la France. — Situation, limites ; configuration, superficie, longitude et latitude moyennes, climat ; direction générale des pentes et des eaux, fleuves et rivières ; ligne générale de partage des eaux, chaînes de montagnes et ramifications. Plateau du massif central ; canaux latéraux et canaux de jonction.

Géographie agricole, industrielle et commerciale.

Revision trimestrielle.

JANVIER.

Géographie politique de la France. — Anciennes divisions, provinces ; nouvelles divisions, départements. — Provinces du Nord et de l'Ouest : notions historiques ; départements qu'elles ont formés ; préfectures, sous-préfectures, autres lieux remarquables ; situation et importance des principales villes ; grands hommes qu'elles ont vus naître. Productions : agriculture, commerce, industrie.

FÉVRIER.

Géographie politique de la France (suite). — Provinces du Sud et de l'Est. Territoire de Belfort (mêmes développements que ci-dessus.)

MARS.

Géographie politique de la France (suite). — Provinces du Centre (mêmes développements que ci-dessus.)

AVRIL.

Gouvernement de la France : divisions administratives, militaires, maritimes, universitaires, judiciaires, financières ; cultes. — Voies de communication : chemins de fer, routes, canaux. Postes et télégraphes. Navigation. — Articles d'importation, d'exportation.

Revision de la géographie de la France.

MAI.

Géographie physique et politique de l'Asie. — Montagnes, fleuves, etc. Grandes divisions, gouvernements. Richesses, productions ; objets d'échange avec l'Europe et particulièrement avec la France. — Etude des colonies européennes, particulièrement des colonies françaises.

Géographie physique et politique de l'Océanie. (mêmes développements que ci-dessus).

Juin.

Géographie physique et politique de l'Afrique et de l'Amérique (mêmes développements que ci-dessus.)

Juillet et Aout.

Grands navigateurs. Grandes lignes de navigation. Principales lignes télégraphiques. Câbles sous-marins. Objets d'échange.

Revision générale.

INSTRUCTION CIVIQUE

Directions générales. — L'instruction civique a pour objet la connaissance des diverses institutions et administrations qui régissent notre pays ; il s'y ajoute nécessairement quelques notions plus élevées sur les devoirs que nous impose le patriotisme. Si l'école ne forme pas le citoyen, elle doit le préparer. Il est donc de la plus grande importance que l'enfant reçoive, pendant la période de scolarité, des notions exactes sur la forme du Gouvernement, sur la manière dont les lois sont établies et fonctionnent, sur la nécessité qui existe, pour chaque citoyen, de concourir au bien-être général du pays et à la gloire de la Patrie. Ce sentiment patriotique, l'instituteur ne le perdra jamais de vue dans ses leçons.

Il évitera la recherche des subtilités ; il n'a pas, en effet, à faire pénétrer les élèves dans les difficultés du droit administratif, encore moins à leur développer un cours de politique ; il aura bien rempli sa tâche si, au sortir de l'école, les élèves emportent les connaissances et ont contracté les habitudes nécessaires pour devenir plus tard des citoyens instruits de leurs droits, mais aussi profondément convaincus de leurs devoirs envers la France.

COURS ÉLÉMENTAIRE

Directions particulières. — Le règlement d'organisation pédagogique dit que l'instruction civique comprendra des explications très familières, à propos de la lecture, des mots pouvant éveiller une idée nationale. C'est donc moins un programme qui est exposé ici qu'une nomenclature de mots que l'enfant a souvent entendus, de faits dont il a été témoin dans sa famille, à l'école, etc. A l'occasion d'une lecture, d'une date, d'un fait, le maître expliquera à ses élèves, très sommairement sans doute, une question d'administration, parlera d'un droit et du devoir correspondant ; il s'efforcera de leur faire comprendre ce qu'ils voient, dans leur commune ou leur canton, comme application des lois et des institutions les plus connues.

La mémoire sera moins en jeu que l'observation, le jugement et le sentiment patriotique.

Dans la mesure du possible, les lectures devront être choisies de manière à concorder avec les développements du programme.

Octobre.

Le citoyen. Ses droits, ses devoirs. C'est surtout à la Révolution de 1789 que nous devons la liberté individuelle, la liberté de conscience, la liberté du travail, l'égalité devant la loi. A vingt et un ans, tout citoyen français a des droits politiques; il peut être électeur, être élu, parvenir à toutes les fonctions publiques. Il a aussi des devoirs; il doit se soumettre à la loi, payer l'impôt, servir et défendre sa patrie, respecter les agents de l'autorité, voter selon sa conscience, aimer les institutions républicaines que la France s'est données.

Novembre.

L'obligation scolaire. L'enfant doit aller à l'école pour s'instruire; il doit y travailler de toutes ses forces, sinon, il manque à ses devoirs envers ses parents, envers sa patrie, envers lui-même. Il doit surtout apprendre à bien connaître son pays pour le mieux aimer et servir.

Décembre.

Le service militaire. La force militaire a son utilité, sa nécessité. L'enfant sera soldat. Le drapeau est l'emblème de la patrie; le soldat doit lui être toujours fidèle et, au besoin, le défendre jusqu'à la mort. — L'armée de terre et de mer.

La police locale; la gendarmerie.

Revision trimestrielle.

Janvier.

L'impôt. Sa nécessité. C'est à l'impôt ou contribution que nous devons les avantages dont nous jouissons dans une commune : mairie, écoles, routes, postes et télégraphes, etc. Chacun doit donc en payer sa part, suivant la loi. — Quelques mots et quelques exemples sur les principales contributions et les agents chargés de les percevoir.

Février.

Le vote. Le peuple se gouverne lui-même par le vote. — Quelques mots sur le suffrage universel. — Le vote doit être libre, désintéressé, consciencieux, éclairé, pour porter au pouvoir les citoyens les plus capables et les plus dignes.

Le pouvoir réside dans les Chambres dont les membres sont élus par le peuple.

Mars.

La commune. Elle est la plus petite division administrative. Elle a des revenus et des dépenses. Elle est administrée par le maire, assisté d'un conseil municipal. Ce conseil est élu par tous les électeurs; le maire et l'adjoint le sont par les conseillers municipaux. Le maire représente l'État et fait exécuter les lois; il est chargé de la police locale; il est officier de l'état-civil.

Revision trimestrielle.

Avril.

Le canton. Il est la réunion de plusieurs communes; il n'a pas d'administration particulière. — Le juge de paix. — Le tirage au sort. Le conseil de revision.

L'arrondissement. Il est la réunion de plusieurs cantons. — Le Sous-Préfet. Le conseil d'arrondissement.

Le département. Il est la réunion de plusieurs arrondissements. — Le Préfet représente l'Etat, fait exécuter les lois, assure l'ordre public. Le conseil général administre les propriétés du département; il vote et contrôle les recettes et les dépenses. Le conseil de préfecture.

Mai.

L'Etat. La Constitution et la manière dont le gouvernement est organisé dans un pays. Nous devons respect à la Constitution que la France s'est librement donnée. — Ce qu'on appelle monarchie et république.

Notre Constitution admet deux chambres : celle des Députés et le Sénat. Les deux chambres discutent et votent successivement le budget de l'État et les projets de loi.

Le Président de la République est le premier magistrat de

la France; il est élu pour 7 ans par les deux Chambres réunies en Congrès; il est le chef du pouvoir exécutif; il promulgue les lois; il est aidé par les ministres dont la réunion forme le Cabinet ou Conseil des ministres.

Quelques mots sur les trois sortes de pouvoirs : législatif, exécutif, judiciaire.

JUIN.

La justice. Les tribunaux. La justice est chargée de punir ceux qui n'obéissent pas aux lois.

Le tribunal le plus simple est celui du juge de paix, au chef-lieu de canton. Le juge de paix a surtout pour mission d'apaiser et de concilier les particuliers qui sont en désaccord; il juge aussi les affaires peu importantes : c'est la justice civile.

Au chef-lieu d'arrondissement, se trouve le tribunal de première instance qui juge les affaires semblables mais plus importantes : c'est encore la justice civile. Il juge aussi les délits tels que vols, injures, etc., destruction des petits oiseaux, etc.; il devient alors tribunal correctionnel : c'est la justice pénale.

Au chef-lieu du département, se tient ordinairement la cour d'assises qui juge les crimes; elle siège tous les trois mois. L'accusé est placé sous la protection d'un défenseur et de 12 jurés, citoyens tirés au sort, qui décident par oui ou non sa culpabilité.

Au-dessus de ces tribunaux, il y a les Cours d'appel et une Cour de cassation ou tribunal suprême.

JUILLET ET AOUT.

Revision générale.

COURS MOYEN

Directions particulières. — Le programme n'est plus laissé au hasard; il devient régulier, précis, avec un certain enchaînement des questions à étudier: c'est le développement et l'explication de nos institutions. Sans entrer dans de longs détails, le maître s'efforcera de bien faire comprendre ces institutions dont les enfants entendent parler chaque jour, qui sont souvent mal interprétées parce qu'elles sont mal connues. Il se contentera d'explications sommaires, mais toujours nettes et précises. En rappelant les droits du citoyen, il insistera plus fermement sur les devoirs de chacun, sur le respect des lois et des autorités, sur l'amour de la patrie et en particulier sur l'instruction et le service militaire.

Octobre.

But de l'enseignement civique : faire connaître la France, son organisation politique et sociale, les droits des citoyens et leurs devoirs réciproques, et les devoirs envers l'État.

Droits du citoyen : 1° les droits civils : liberté, égalité, propriété ; 2° les droits politiques : participation à l'établissement du Gouvernement et des lois, à la fixation et au contrôle des impôts.

Devoirs correspondants aux droits : l'obligation scolaire, le service militaire, l'impôt, le vote.

Novembre.

L'obligation scolaire. L'État a le droit et le devoir de s'occuper de l'éducation de la jeunesse du pays et par conséquent de ce que doit être l'enseignement. Instruction obligatoire; commissions scolaires. Enseignement public et privé. Gratuité et laïcité de l'enseignement public élémentaire. — Les trois ordres d'enseignement : objet de chacun d'eux, établissements correspondants; diplômes et grades universitaires. — Hiérarchie administrative; divisions académiques. — Conseils universitaires : départemental, académique, supérieur.

Ecole des Beaux-Arts. Conservatoire de musique. Musées. Autres grands établissements nationaux d'instruction.

Décembre.

Le service militaire. La force publique. Nécessité d'une force publique. L'armée permanente, la gendarmerie. Obligation pour tous du service militaire. Loi actuelle. Le recrutement, le tirage au sort, le conseil de revision; dispenses et exemptions. Durée du service militaire. Armée active, armée territoriale; différentes armes; grades. Peines disciplinaires; le livret. — Divisions militaires. — Ecoles spéciales.

La marine et les colonies. Nécessité d'une marine militaire : inscription maritime. Effectif, grades. — Arrondissements maritimes. — Ecoles. — Troupes coloniales.

Défense des frontières terrestres et maritimes.

Revision trimestrielle.

Janvier.

L'impôt. Nécessité et utilité ; il doit être universel, obligatoire, équitable, proportionnel. Contributions directes et indirectes ; les quatre contributions directes, sur quoi est basée chacune d'elles ; les contributions indirectes, les objets qu'elles atteignent. Les douanes.

Etablissement de l'impôt. Notions générales sur le budget de l'Etat, du département, de la commune. Les répartiteurs, les contrôleurs, les inspecteurs, les directeurs des contributions directes et indirectes.

Recouvrement de l'impôt. Fonctionnaires chargés du recouvrement des contributions directes et indirectes. Trésor public. — Vérification des comptes. Conseil de préfecture. Cour des Comptes.

Février.

Le vote. La souveraineté nationale. L'ancien cens électoral. Le suffrage universel donnant au peuple la souveraineté. — Listes électorales ; leur formation ; droit et devoir de chacun de s'y faire inscrire. Conditions requises pour être électeur, pour être éligible. Le scrutin électoral : carte d'électeur, formation du bureau, fonctionnement du vote. Majorité absolue, majorité relative. L'électeur doit voter ; son vote doit être éclairé, honnête. L'élu doit remplir son mandat avec conscience, intelligence et désintéressement.

Mars.

La commune. Son organisation. La commune est une société ; ses revenus et ses dépenses, ses propriétés.

Le conseil municipal. Son élection, ses attributions ; élection du maire et des adjoints ; vote du budget communal, des travaux communaux, etc. ; désignation des délégués sénatoriaux. Séances du conseil municipal, délibérations.

Le maire. Ses attributions : il représente l'Etat pour l'exécution des lois, il est chargé de la police, il fait exécuter les délibérations du conseil, il est officier de l'état civil. — Tutelle exercée par l'Etat sur les communes.

Revision trimestrielle.

AVRIL.

Le canton. Organisation. Les diverses autorités administratives qui siègent au chef-lieu de canton. Représentation du canton au conseil d'arrondissement et au conseil général.

L'arrondissement. Rôle du Sous-Préfet. Le conseil d'arrondissement, son élection, ses attributions. Les divers fonctionnaires qui résident au chef-lieu d'arrondissement, leurs attributions.

Le département. Autorités administratives, judiciaires, universitaires, etc. pour chaque service public.

Le Préfet, ses attributions. Le secrétaire-général. Le conseil de préfecture, ses attributions.

Le Conseil général : élection, renouvellement, époques des séances ordinaires, attributions, vote du budget départemental. La commission départementale.

MAI.

L'État. Constitutions en général. Constitution de 1875, clauses principales. Les trois pouvoirs législatif, exécutif, judiciaire.

Le pouvoir législatif. La loi : droit d'initiative, vote, promulgation. — Soumission à la loi.

Chambre des Députés. Election des Députés, scrutin de liste et d'arrondissement, le suffrage universel; durée des pouvoirs. Attributions: vote du budget de l'Etat, des lois, etc.

Le Sénat. Election des Sénateurs, suffrage restreint ; durée des pouvoirs. Attributions: vote du budget de l'Etat, des lois; part au droit de dissolution de la Chambre des Députés.

Le Congrès.

Le pouvoir exécutif. Le Président de la République. Election. Durée des pouvoirs. Principales attributions.

Les ministres. Nomination. Cabinet, présidence du Conseil

des ministres. Les divers ministères ; principales attributions propres à chacun d'eux.

Juin.

Le pouvoir judiciaire. Distinction entre la justice civile et la justice criminelle.

Les tribunaux civils : justice de paix, tribunal de première instance. Attributions spéciales à chacun.

Les tribunaux correctionnels : tribunal de première instance, cour d'assises, le jury, devoirs des jurés.

Les cours d'appel. Siège et attributions.

Cour de cassation. Siège et attributions.

Quelques mots sur les caisses d'épargne et de retraites, la dette publique, les concours régionaux, les postes et télégraphes, les agents diplomatiques.

Juillet et Aout.

Revision générale.

COURS SUPÉRIEUR

Directions particulières. — Le programme est sensiblement conforme à celui du cours moyen. Il appartient au maître d'en élargir le cadre, de donner de plus amples explications sur les questions les plus importantes. Les élèves, déjà préparés par les connaissances antérieurement acquises, comprendront mieux l'économie de nos lois, les relations qui existent entre les droits et les devoirs du citoyen. Le maître pourra même aborder quelques questions qui eussent trop chargé le programme du cours moyen, telles que les tribunaux de commerce, les syndicats, la liberté du travail et de la presse, etc. Il évitera les détails inutiles. C'est au cours supérieur surtout que l'élève doit acquérir, en instruction civique, les connaissances suffisantes qui, développées plus tard par de sages lectures et le commerce de la vie, feront de lui un citoyen honnête et éclairé.

Octobre.

But de l'enseignement civique. Origines de notre droit public.

La souveraineté nationale. Légitimité et limites de cette souveraineté. Droits et devoirs des citoyens.

NOVEMBRE.

L'éducation nationale. L'enseignement public; ses divers degrés. L'administration et les divers Conseils; attributions de ces Conseils. Les grandes écoles. Les Beaux-Arts: établissements et musées.

DÉCEMBRE.

La force publique. Sa nécessité. Obligation du service militaire. L'armée: éléments dont elle se compose. Armée de terre (active, réserve et territoriale). Armée de mer: l'inscription maritime. Divisions militaires et maritimes de la France. Tribunaux militaires.

Revision trimestrielle.

JANVIER.

L'impôt. Principe de l'impôt: nécessité et légitimité. Les deux catégories d'impôts. Le budget de l'Etat, du Département et de la Commune. Cour des comptes, ses attributions.

FÉVRIER.

La souveraineté nationale. Le suffrage universel; sa légitimité et son organisation. Les divers modes de suffrages: suffrage restreint, suffrage à deux degrés. Conditions normales de l'électorat, de l'éligibilité. Le vote. Devoirs spéciaux des électeurs et des élus.

MARS.

La commune. Son administration. Le conseil municipal: mode d'élection, attributions et organisation. Le maire et les adjoints: le maire officier de l'état civil, officier de police judiciaire, agent du pouvoir central et représentant de la commune.

Revision trimestrielle.

AVRIL.

Le canton, l'arrondissement, le département. Divers services organisés par cantons. L'arrondissement; le Sous-Préfet, ses attributions; le conseil d'arrondissement. Le département personne morale; le Préfet, ses attributions comme agent du gouvernement et représentant du département; le conseil de préfecture; le conseil général, mode d'élection, attributions.

Mai.

L'État. Constitutions en général; la Constitution de 1875; lois constitutionnelles et organiques. Les trois pouvoirs: législatif, exécutif, judiciaire. La Chambre des Députés : mode d'élection, attributions, durée des pouvoirs. Le Sénat : mode d'élection, attributions, durée des pouvoirs. Le Président de la République: élection, attributions, durée des pouvoirs. Les ministères : divers ministères, attributions de chaque ministre. Le conseil d'Etat : nomination, attributions.

Juin.

Le pouvoir judiciaire. La justice civile, la justice criminelle. La justice de paix. Le tribunal de première instance. La cour d'assises. La cour d'appel. La cour de cassation. Attributions et fonctionnement des divers tribunaux.

Juillet et Aout.

Revision générale.

ARITHMÉTIQUE, SYSTÈME MÉTRIQUE ET GÉOMÉTRIE

Directions générales. — Le programme d'arithmétique et de géométrie ne comporte que des connaissances qui trouvent leur application dans la vie usuelle.

Le but de cet enseignement, à l'école primaire, est d'apprendre à calculer vite et bien. Laissant donc de côté les théories trop abstraites, le maître fera une place aussi grande que possible au calcul mental et aux exercices pratiques.

COURS PRÉPARATOIRE

Directions particulières. — L'enseignement sera intuitif; on opèrera sur des nombres concrets et, par de nombreux exercices, on s'efforcera d'apprendre aux enfants la table d'addition.

En système métrique, l'instituteur s'attachera à faire reconnaître les mesures dont il parle; il exercera les élèves à évaluer eux-mêmes une longueur, la capacité d'un vase, etc.

Il donnera aux élèves une première idée des formes géométriques les plus simples.

Octobre.

Les neuf premiers nombres. Idée de l'unité au moyen d'objets mis entre les mains des enfants. Donner les noms des neuf premiers nombres, les écrire, les lire. Tenir la main à ce que chaque élève sache reconnaître et nommer des nombres d'un seul chiffre sur des réunions d'objets placés devant lui. Exercices oraux; exercices écrits au tableau noir ou sur l'ardoise.

Le mètre. Sa longueur; ses divisions, leur nom.

La ligne. Ses formes et ses positions; exemples au moyen d'objets de formes bien nettes: gravures, fils tendus, dessins au tableau. Applications: cordeau, fil à plomb, etc.

Novembre.

Les cinq premières dizaines. Idée de la dizaine d'après des objets matériels pouvant être maniés par les élèves. Noms des cinq premières dizaines. Faire ajouter à chaque dizaine une ou plusieurs unités ; emploi du boulier-compteur.

Le mètre (suite). Mesurer des longueurs comprenant un nombre exact de mètres, puis de décimètres et enfin de centimètres.

La ligne (suite). Donner les noms de lignes tracées au tableau. Exercices sur l'ardoise.

Décembre.

Les cinq dernières dizaines. Leur étude comme pour les cinq premières.

Le mètre (suite). Appréciation à vue d'œil de longueurs de quelques mètres, de quelques décimètres, de quelques centimètres ; vérification immédiate.

Les angles. Exemples. Grandeur d'un angle.

Revision trimestrielle.

Janvier.

Les dizaines (suite). Représentation écrite des dizaines, emploi du zéro ; place des dizaines à côté des unités. Ecriture et lecture des neuf premières dizaines : 10, 20, 30... ; ajouter à chaque dizaine une ou plusieurs unités et faire représenter les nombres ainsi formés au tableau et sur l'ardoise.

Le litre. Montrer un litre aux élèves, le leur faire manier.

Les angles (suite). Les distinguer, les nommer et les représenter au tableau et sur l'ardoise.

Février.

L'addition. L'expliquer au moyen d'unités concrètes, d'abord sur des nombres dont le total est inférieur à 10, puis à 100. Faire compter par 2, 3, 5, 10, avec des objets matériels, et ensuite mentalement. Ecriture des nombres à additionner ; faire trouver les résultats par les enfants.

Le litre (suite). Multiples et sous-multiples du litre.

Le carré. Ses côtés, ses angles, ses sommets. Le dessiner au tableau et sur l'ardoise.

Mars.

La soustraction. Mêmes exercices que pour l'addition. Exercices de calcul mental sur de petits nombres.

Le litre (suite). Usages du litre : faire exécuter des mesurages par les élèves.

Le rectangle. Ses côtés, ses angles, ses sommets. Le dessiner au tableau et sur l'ardoise.

Revision trimestrielle.

AVRIL.

Idée de la multiplication. Limiter les exemples au produit des cinq premiers nombres entre eux. Exercices oraux et écrits.

Le franc. Reconnaître les monnaies.

Le cercle. Sa forme ; exemples.

MAI.

La multiplication (suite). Exercices sur des nombres d'un ou deux chiffres au multiplicande et d'un seul au multiplicateur.

Le franc (suite). Divisions du franc ; usages des monnaies.

Le cube. Ses faces, ses arêtes, ses angles.

JUIN.

La division. La limiter à la recherche des moitiés, tiers, quarts,... des nombres.

Les corps ronds. Cylindre, cône, sphère. Montrer ces corps et les mettre entre les mains des élèves.

JUILLET ET AOUT.

Revision générale.

COURS ÉLÉMENTAIRE

Directions particulières. — On emploiera, dans ce cours, les mêmes procédés d'enseignement que dans le cours préparatoire.

Le moment est venu de commencer les exercices réguliers de calcul mental ; ils seront d'autant plus intéressants et d'autant plus utiles que les données en seront empruntées aux choses de la vie de l'écolier. Le procédé la Martinière, qui tient tout le monde en éveil et provoque l'émulation, nous semble devoir être recommandé.

On continuera à initier les élèves aux éléments les plus simples de la géométrie.

Octobre.

Les nombres. Idée concrète du nombre. L'unité ; sa représentation. La dizaine ; sa valeur et sa place dans un nombre ; sa représentation. Nom et représentation des nombres de 1 à 99. Compter par dizaines oralement. Exercices oraux et écrits sur les nombres de 1 à 99. Calcul mental.

Les lignes. Exercices tendant à reconnaître et à nommer les principales figures géométriques. Les lignes ; leurs formes : droites, courbes, brisées.

Novembre.

Les nombres (suite). La centaine, sa valeur, sa place dans un nombre ; compter et écrire des centaines. Lecture et écriture des nombres de 1 à 999.

La ligne droite. Ses positions : horizontale, verticale, inclinée. Droites parallèles. Tracé de lignes droites au tableau et sur l'ardoise.

Décembre.

L'addition. Exercices sur des nombres d'un, puis de plusieurs chiffres ; habituer les enfants à compter juste et vite, oralement et mentalement ; exercices d'application oraux et écrits.

Les angles. Angle droit, angle aigu, angle obtus ; exemples, tracés, rapports de grandeurs d'angles ; mesure à vue d'œil.

Revision trimestrielle.

Janvier.

La soustraction. Mêmes exercices que pour l'addition.

Le mètre. Utilité d'une unité de longueur, la montrer, la nommer, mesurer. Multiples et sous-multiples du mètre.

Les polygones. Principales formes, exemples, tracés. Idée de l'étendue en surface ; carrelage.

Février.

La multiplication. Nombreux exercices tendant à justifier cette nouvelle opération, et cela sur des nombres concrets, de façon que le rôle du multiplicande et celui du multiplicateur soient bien compris. Etude de la table de multiplication. Problèmes simples.

Le litre. Son utilité, sa valeur, le montrer. Mesurer des grains, de l'eau, etc. Divisions du litre.

Les polygones (suite). Les quadrilatères : formes, exemples, tracés au tableau et sur l'ardoise. Appréciation par le coup d'œil du rapport de deux longueurs.

Mars.

La multiplication (suite). Multiplication de nombres d'un ou de plusieurs chiffres par un multiplicateur n'en comprenant qu'un ou deux. Problèmes très simples résolus le plus souvent oralement. Exercices de calcul mental.

Le mètre et le litre (suite). Petits exercices oraux ou écrits sur le mètre et le litre.

Les polygones (suite). Polygones à formes régulières, irrégulières; exemples; pavage, carrelage, damier; exercices au tableau.

Revision trimestrielle.

Avril.

La division. Division de nombres de deux chiffres par des nombres d'un seul. Exercices simples de calcul mental.

Le gramme. La balance, pesées, résultats en nombres entiers. Noms des poids, les placer entre les mains des élèves.

Le cercle. Exemples, tracé au tableau noir et sur l'ardoise. Division du cercle en parties égales.

Mai.

La division (suite). Habituer les enfants à prévoir les résultats; petits problèmes; exercices de calcul oral et de calcul mental.

Le franc. Pièces de monnaie, valeur, échange.

Les solides. Idée des solides géométriques; montrer des cubes, des prismes, des pyramides.

Juin.

Les quatre opérations. Addition, soustraction, multiplication, et division (revision).

Le gramme et le franc. Exercices oraux ou écrits sur le gramme et le franc.

Les solides (suite). Montrer des cylindres, des cônes, des sphères. Appréciation par le coup d'œil de la mesure de droites, de distances.

JUILLET ET AOUT.

Revision générale.

COURS MOYEN

Directions particulières. — Tout en restant pratique, l'enseignement comprendra, en vue de la culture intellectuelle des élèves, les théories les plus simples. On exigera toujours de la netteté et de la précision dans le raisonnement qui conduit à la solution d'un problème ; on habituera les enfants à mettre le multiplicateur, qui est un nombre abstrait, à la place qu'il doit occuper dans une expression arithmétique.

Aux élèves de ce cours, on donnera les principes les plus usuels de calcul mental, et on tiendra la main à ce qu'ils soient appliqués toutes les fois que l'occasion s'en présentera.

En géométrie, l'étude très élémentaire des principales figures sera suivie de leur mesure.

OCTOBRE.

Arithmétique. — Le nombre entier; le nombre décimal, la virgule, son déplacement ; lecture et écriture des nombres entiers et décimaux. Nombreux exercices de calcul mental sur le déplacement de la virgule et l'emploi du zéro. Addition et soustraction des nombres entiers et décimaux. Problèmes d'application.

Système métrique. -- Avantages et nécessité du système actuel des poids et mesures. Ses origines. Espèces de mesures. Multiples, sous-multiples. Recherche de la longueur du mètre.

Géométrie. — Lignes et angles; tracés au tableau répétés ensuite par les enfants sur le cahier journal.

NOVEMBRE.

Arithmétique. — Multiplication des nombres entiers et décimaux. Exercices de calcul oral et mental. Multiplications particulières par 5, 20, 25, 50; par 0.10, 0.20, 0.25 et 0.50.

Système métrique. — Le mètre. Multiples et sous-multiples. Evaluation de longueurs par les élèves.

Géométrie. — Les polygones: triangles, quadrilatères; définitions, propriétés.

DÉCEMBRE.

Arithmétique. — Division des nombres entiers et décimaux. Divisions particulières par 5, 20, 25, 50, et par 0.10, 0.20. 0.25, 0.50. Nombres suivis de zéros. Diviseurs plus grands que le dividende.

Système métrique. — Le mètre carré, l'are. Multiples et sous-multiples. Lecture et écriture de nombres exprimant des surfaces. Problèmes.

Géométrie. — La circonférence et le cercle; figuration, propriétés. Les polygones réguliers.

Revision trimestrielle.

JANVIER.

Arithmétique. — Division (suite). Problèmes sur les quatre opérations.

Système métrique. — Le mètre cube, le stère. Leurs divisions. Lecture et écriture de nombres exprimant des volumes.

Géométrie. — Mesure des surfaces: carré, rectangle, parallélogramme, triangle, trapèze. Problèmes.

FÉVRIER.

Arithmétique. — Les fractions ordinaires: appréciation de leur valeur; variation d'une fraction; réduction au même dénominateur, simplification, conversion. L'addition et la soustraction. Nombreux exercices.

Système métrique. — Le litre. Multiples et sous-multiples. Lecture et écriture de nombres exprimant des contenances. Rapport des mesures de capacité avec les mesures de volume.

Géométrie. — Mesure des surfaces (suite). Mesure d'un champ. Exercices d'application.

La circonférence. sa mesure. Problèmes d'application.

Mars.

Arithmétique. — Fractions (suite). Multiplication et division.

Système métrique. — Le gramme. Multiples et sous-multiples. Lecture et écriture de nombres exprimant des poids. Rapport des mesures de poids avec les mesures de volume et de capacité.

Géométrie. — Mesure des surfaces (suite). Le cercle : sa mesure. Problèmes.

Revision trimestrielle.

Avril.

Arithmétique. — Règle de trois : simple, composée. Rapports entre les données. Problèmes, simplification des calculs.

Système métrique. — Le franc; les monnaies, valeur relative, poids, titre.

Géométrie. — Les solides ou corps à trois dimensions. Mesure du cube, du parallélépipède.

Mai.

Arithmétique. — Règle d'intérêt; exercices de calcul mental.

Système métrique. — Revision d'ensemble.

Géométrie. — Prisme et pyramide; leur mesure.

Juin.

Arithmétique. — Partages proportionnels. Mélanges. Alliages. Les nombres complexes. Problèmes.

Géométrie. — Cylindre, cône et sphère, leur mesure.

Juillet et Aout.

Revision générale.

COURS SUPÉRIEUR

Directions particulières. — Il sera souvent fait appel au raisonnement ; les questions théoriques seront plus approfondies, mais l'instituteur mesurera toujours les difficultés de son enseignement à la force des enfants auxquels il s'adresse. Avec tous, d'ailleurs, il est inutile d'insister sur les théories trop abstraites : de nombreux problèmes se rapportant plus particulièrement, selon les régions, à l'agriculture, au commerce ou à l'industrie, répondront beaucoup mieux aux besoins des élèves que la démonstration savante d'un théorème d'arithmétique ou de géométrie.

Octobre.

Arithmétique. — La numération. Addition et soustraction.

Système métrique. — Origine du système actuel de poids et mesures. Comparaison avec l'ancien système. Le mètre ; mesures diverses de longueur ; évaluer à vue des longueurs.

Géométrie. — Les lignes et les angles ; propriétés remarquables.

Novembre.

Arithmétique. — La multiplication. Théorèmes relatifs à la multiplication.

Système métrique. — Mesures itinéraires ; appréciation de distances sur cartes d'après des échelles.

Géométrie. — Le triangle : cas d'égalité des triangles. Triangle isocèle ; perpendiculaires et obliques ; triangles rectangles.

Décembre.

Arithmétique. — La division. Théorèmes relatifs à la division.

Système métrique. — Le mètre carré, l'are ; évaluation de surfaces à vue d'œil et par le calcul. Relations entre les unités de surface.

Géométrie. — Les parallèles et les parallélogrammes : propriétés ; les diagonales et le centre des parallélogrammes ; le rectangle, le losange, le carré. Le cercle : ses lignes, ses propriétés.

Revision trimestrielle.

Janvier.

Arithmétique. — La divisibilité des nombres ; théorèmes fondamentaux ; caractères de divisibilité par 2, 5, 9 et 3.

Diviseur d'un nombre ; nombres premiers ; le plus grand commun diviseur de plusieurs nombres. Multiple d'un nombre ; le plus petit commun multiple de plusieurs nombres.

Système métrique. — Le mètre cube, le stère ; appréciation de volumes à vue d'œil et par le calcul.

Géométrie. — Mesure des surfaces : rectangle, parallélogramme, triangle, trapèze, polygone quelconque. Problèmes d'application.

FÉVRIER.

Arithmétique. — Fractions ordinaires : addition et soustraction.

Système métrique. — Le litre ; mesures diverses de capacité ; évaluer à seule vue des contenances.

Géométrie. — La circonférence, sa mesure. Polygones réguliers : propriétés, mesure. Problèmes.

MARS.

Arithmétique. — Les fractions (suite) : multiplication et division.

Système métrique. — Le gramme, les poids, les balances, pesées. Poids des corps d'après leur volume et leur densité.

Géométrie. — Le cercle ; sa mesure. La couronne. Le secteur. Problèmes.

Revision trimestrielle.

AVRIL.

Arithmétique. — Les fractions décimales ; les quatre opérations avec démonstration. Transformation des fractions ordinaires en fractions décimales.

Système métrique. — Le franc, les monnaies ; le crédit, les effets de commerce ; frappe des monnaies.

Géométrie. — Le cube ; sa mesure ; application à la mesure du parallélépipède. Problèmes.

MAI.

Arithmétique. — Méthode de réduction à l'unité appliquée aux problèmes. Règle de trois, d'intérêt et d'escompte. Nombres complexes.

Système métrique. — Revision.

Comptabilité. — Des factures : modèles de factures simples d'achat et de vente ; remises. Des effets de commerce : lettre de change, billet à ordre, mandat.

Géométrie. — Le prisme et la pyramide : leur mesure. Problèmes.

JUIN.

Arithmétique. — Partages proportionnels, règles de société, de moyennes, de mélange, d'alliage. Rentes, actions, obligations, épargne.

Système métrique. — Suite de la revision.

Comptabilité. — Idée de la tenue des livres en partie double ; principes de la méthode ; livres obligatoires ; livres auxiliaires. Exercices pratiques très simples de tenue des livres.

Géométrie. — Le cylindre, le cône et la sphère ; leur mesure. Problèmes.

JUILLET ET AOUT.

Revision générale.

SCIENCES PHYSIQUES ET NATURELLES

Directions générales. — Le but de l'enseignement des sciences physiques et naturelles est plutôt de développer chez les enfants l'esprit d'observation, de les habituer à se rendre compte des phénomènes naturels qui se produisent tous les jours sous leurs yeux, que de les mettre au courant de théories scientifiques dont l'utilité, pour eux, paraît contestable. La méthode expérimentale est donc la seule qui convienne à cet enseignement, et pour l'appliquer il est nécessaire d'avoir, dans chaque école, un musée scolaire et un certain nombre d'appareils simples que les maîtres peuvent, au besoin, confectionner eux-mêmes.

COURS PRÉPARATOIRE

Directions particulières. — Les instituteurs ne devront pas oublier que, dans le cours préparatoire ou section enfantine, l'enseignement a pour but d'habituer les élèves « à regarder, observer, comparer et questionner ». Le programme est aussi restreint que possible ; on le développera en ayant soin de mettre « toujours sous les yeux et dans les mains des enfants », soit la chose dont on parle, soit le dessin ou l'image qui la représente. Des gravures éclaireront aussi utilement les causeries faites sur l'homme et les animaux.

Octobre.

Causeries sur la constitution du corps humain d'après son apparence : tête, tronc, membres, peau, etc.

Leçons de choses sur les vêtements, les tissus de laine, de coton, etc.

Novembre.

Le corps humain (suite) : l'œil, l'oreille, le nez, la main, etc.

Leçons de choses sur les aliments et les boissons.

Décembre.

Le corps humain (suite) : conseils sur l'alimentation, le travail, le repos.

Matériaux de construction : extraction, taille, emploi ; confection de la brique.

Revision trimestrielle.

Janvier.

Les animaux : analogies extérieures avec le corps de l'homme. Animaux domestiques : cheval, bœuf, chien, etc.

Chauffage et éclairage. Combustibles et corps gras.

Février.

Les animaux (suite) : oiseaux, la basse-cour ; protection ou destruction des espèces utiles ou nuisibles.

Moyens de transport : sur terre, sur mer, dans l'air. Moyens de communication : la poste, le télégraphe, le téléphone.

Mars.

Les animaux (suite) : reptiles, batraciens, insectes ; choisir un type dans chaque classe, nommer les animaux qui s'en rapprochent et en faire connaître les mœurs.

Produits agricoles alimentant l'homme et les animaux ; produits industriels.

Revision trimestrielle.

Avril.

La plante : racine, tige, feuille, graine ; vie et mort d'une plante.

Métiers, et principalement ceux qui sont en usage dans la région. Occupations des ouvriers.

Mai.

La plante (suite) : petites et grandes plantes ; fleurs des jardins, arbres forestiers ; faire reconnaître quelques plantes.

Description sommaire de quelques industries : tissage, chapellerie, cordonnerie, menuiserie, etc.

Juin.

Montrer et décrire quelques minéraux : pierres, métaux; produits divers : craie, argile, sable.

Industries (suite) : fabrication des aiguilles, coutellerie, serrurerie, etc.

Juillet et Aout.

Revision générale.

COURS ÉLÉMENTAIRE

Directions particulières. — C'est encore sous forme de leçons de choses que se continuera, dans le cours élémentaire, la première initiation à l'enseignement scientifique : le musée scolaire et la nature fourniront les sujets de nombreuses et instructives leçons. Peu ou point de théorie; des faits à observer, des choses ou des images à décrire, des expériences mettant en lumière les parties essentielles de la leçon.

Octobre.

Le corps humain. La peau, les muscles, les os, les nerfs.

Les vêtements. Matières premières : laine, lin, coton, soie, cuir, etc.; leur transformation.

Novembre.

Le corps humain (suite). Ses différentes parties; idée de leurs fonctions; soins de propreté et d'entretien; accidents.

L'alimentation. Mets et boissons; provenance, préparation, emploi, usage et abus.

Décembre.

Le corps humain (suite). Les cinq sens : exercices destinés à les mettre en jeu; leur hygiène.

L'habitation : construction, matériaux, ouvriers; hygiène de l'habitation; bien-être, améliorations.

Revision trimestrielle.

Janvier.

Les animaux. Types des principales classes; les mammifères : animaux domestiques, mœurs, dressage, emploi.

Chauffage et éclairage : bois, charbons, corps gras et gaz d'éclairage ; appareils ; hygiène des appartements.

Février.

Les animaux (suite). Oiseaux, reptiles, poissons, insectes ; espèces utiles ou nuisibles ; protection ou destruction.

Les quatre saisons, leur durée ; hygiène générale à observer. Transports et relations : la marche, emploi des animaux et des voies naturelles. Moyens de communication anciens et actuels : poste, télégraphe, téléphone.

Mars.

Les plantes. En quoi elles se distinguent des animaux et des minéraux ; différentes parties de la plante : racine, tige, feuille.

Les industries de l'alimentation : meunerie, boulangerie, sucrerie, brasserie, laiterie, etc.

Revision trimestrielle.

Avril.

Les plantes (suite). Les fleurs, les fruits, les graines.

Les industries de l'habillement : filature, tissage, teinturerie, tannerie, chapellerie, bijouterie, etc.

Mai.

Les plantes (suite). Plantes utiles, nuisibles, médicinales, industrielles. Services et dangers.

Industries diverses : scierie, tuilerie, fonderie, coutellerie, horlogerie, imprimerie, imagerie, etc.

Juin.

Les minéraux. Pierres et métaux : origine, extraction, emploi. La terre végétale : éléments qui la composent.

L'eau, l'air, le feu, la pluie, le vent, la foudre ; leur emploi, leurs ravages.

Juillet et Aout.

Revision générale.

COURS MOYEN

Directions particulières. — L'enseignement scientifique proprement dit commencera dans le cours moyen. Aux élèves de ce cours, il conviendra de faire comprendre la raison des choses : pourquoi, par exemple, un thermomètre indique-t-il la température du milieu où il se trouve placé et pourquoi un paratonnerre préserve-t-il de la foudre l'établissement sur lequel il est installé ?..... Il faudra aussi, toutes les fois que le sujet de la leçon le comportera, faire connaître les applications des notions données à l'agriculture et à l'hygiène. Ainsi, une leçon sur la chaleur nous amènera à parler de son influence sur les cultures, des châssis, des serres, de l'utilité du feu, de ses dangers, etc.

Octobre.

Sciences physiques. — La porosité, la compressibilité et l'élasticité des corps. Chute des corps.

Sciences naturelles. — Le corps humain. Le squelette ; les muscles.

Novembre.

Sciences physiques. — Les liquides. Vases communiquants; applications, niveau d'eau. Principe d'Archimède; corps flottants, pèse-lait, alcoomètre.

Sciences naturelles. — Le corps humain (suite). Organes et fonctions de digestion, de circulation et de respiration. Alimentation.

Décembre.

Sciences physiques.— L'air. Son poids, le baromètre. Pompes et siphons. Ballons.

Sciences naturelles. — Le corps humain (suite). Le système nerveux; les cinq sens. Hygiène du corps.

Revision trimestrielle.

Janvier.

Sciences physiques. — La chaleur. Ses principaux effets : dilatation, changement d'état. Le thermomètre : description, usages, constatations journalières. Les nuages, la pluie, la neige.

Sciences naturelles. — Les animaux. Types principaux ; mœurs, usage. Mammifères et oiseaux.

Février.

Sciences physiques. — L'électricité. Développement par frottement et par influence ; attractions et répulsions électriques ; la foudre, le pouvoir des pointes, le paratonnerre. Aiguille aimantée. Piles, idée du courant ; aimantation par le courant ; télégraphe.

Sciences naturelles. — Les animaux (suite). Reptiles, batraciens, poissons, insectes ; espèces les plus communes ; précautions contre les animaux dangereux.

Mars.

Sciences physiques. — Le son. Production, transmission. Instruments de musique.

Sciences naturelles. — La plante. Ses caractères distinctifs ; la racine, la tige, la feuille, la sève.

Revision trimestrielle.

Avril.

Sciences physiques. — La lumière. Corps lumineux ; la lumière se propage en ligne droite ; corps opaques, transparents, ombre. Réflexion de la lumière ; miroirs plans. Réfraction ; verres grossissants. — Expériences très simples.

Sciences naturelles. — La plante (suite). La fleur, le fruit, la graine ; la germination.

Mai.

Sciences physiques. — Notions de chimie. L'air, l'eau, la combustion, les oxydations.

Sciences naturelles. — La plante (suite). Principales espèces de plantes ; plantes utiles, plantes nuisibles ; plantes de grande culture.

Juin.

Sciences physiques. — Notions de chimie (suite). Corps simples, corps composés.

Sciences naturelles. — Les minéraux. Pierres et métaux ;

extraction, emploi, industrie. Idée des fossiles et des évolutions géologiques.

JUILLET ET AOUT.

Revision générale.

COURS SUPÉRIEUR

Directions particulières. — Le programme du cours supérieur n'est guère que le développement de celui du cours moyen. Comme il est fait pour des enfants pourvus du certificat d'études primaires, le maître pourra approfondir un peu plus les questions, tout en restant aussi élémentaire que possible. On ne perdra jamais de vue le caractère pratique que doit avoir l'enseignement, et quand on donnera, par exemple, des notions de physiologie végétale, on aura soin d'en faire connaître les applications à l'agriculture : une plante naît et se développe dans telles conditions ; elle est composée de tels corps simples, qu'elle absorbe sous telle forme et transforme en telle autre.

OCTOBRE.

Sciences physiques. — Les trois états et les propriétés générales des corps. Chute des corps. Pesanteur. Leviers. Balance.

Sciences naturelles. — Le corps humain. Constitution générale : cellules, tissus, organes. Différentes sortes de fonctions.

NOVEMBRE.

Sciences physiques. — Equilibre des liquides dans les vases communiquants ; applications : jets d'eau, sources, puits, puits artésiens, etc. Principe d'Archimède. Corps flottants. Détermination du poids spécifique des corps. Aréomètres.

Sciences naturelles. — Fonctions de nutrition : digestion, circulation, respiration ; notions d'hygiène se rapportant à ces fonctions.

DÉCEMBRE.

Sciences physiques. — L'air. Pression atmosphérique, le baromètre. Idée de la machine pneumatique, pompes, siphons.

Sciences naturelles. — Fonctions de relation ; squelette,

nommer quelques os; muscles, idée de leur rôle; système nerveux, organes des sens. Hygiène des sens.

Revision trimestrielle.

Janvier.

Sciences physiques. — La chaleur. Ses principaux effets. Dilatation; le thermomètre. Changement d'état des corps : fusion et solidification, évaporation, ébullition et liquéfaction. Machines à vapeur. Présence de la vapeur d'eau dans l'air. Brouillards, pluie, neige, etc.

Sciences naturelles. — Classification des animaux en embranchements à l'aide de types. Les vertébrés : animaux les plus importants dans chacune des classes.

Février.

Sciences physiques. — L'électricité. Electrisation par frottement, par influence; la foudre, le paratonnerre. Aiguille aimantée; la boussole. Pile. Idée du courant. Aimantation par le courant; télégraphe.

Sciences naturelles. — Les invertébrés. Les insectes : insectes utiles et nuisibles. L'écrevisse, l'escargot, l'étoile de mer, le corail.

Mars.

Sciences physiques. — Le son. Production, propagation, vitesse; écho. Sons graves et sons aigus. Instruments de musique, à cordes, à vent.

Sciences naturelles. — Les végétaux. Constitution de la plante : racine, tige, feuilles; leur description et leurs fonctions.

Revision trimestrielle.

Avril.

Sciences physiques. — La lumière. Emission et propagation. Réflexion; miroirs plans. Réfraction; prisme et lentilles. Décompositon de la lumière blanche.

Sciences naturelles. — Les végétaux (suite). La fleur, ses parties constitutives; le fruit, ses différentes espèces; la graine, la germination.

Mai.

Sciences physiques. — L'air, sa composition. L'eau, ses éléments. Notions sur les corps simples et les corps composés. Le soufre, le phosphore, les allumettes.

Sciences naturelles. — Les végétaux (suite). Classification, principales familles; plantes utiles et plantes nuisibles.

Juin.

Sciences physiques. — Le charbon, l'acide carbonique. Métaux et sels usuels.

Sciences naturelles. — Pierres et métaux : caractères, extraction, emploi. Les fossiles et les évolutions géologiques.

Juillet et Aout.

Revision générale. Considérations sur ce que la civilisation doit aux merveilleux progrès des sciences physiques et naturelles au XIXe siècle.

AGRICULTURE ET HORTICULTURE

Directions générales. — En raison de sa très grande utilité, l'enseignement de l'agriculture doit avoir à l'école une place d'autant plus importante, à côté des sciences physiques et naturelles, que la plupart des enfants sont appelés à se livrer aux travaux des champs.

On ne saurait demander à l'instituteur de former des cultivateurs : il n'en a ni le temps, ni les moyens ; mais il doit, du moins, apprendre à ses élèves à aimer la culture du sol, et chercher « à ouvrir leur esprit à l'appréciation intelligente des améliorations qui peuvent la rendre plus prospère. » Pour obtenir ce résultat, il ne s'attachera pas seulement à suivre un programme approprié à leurs besoins, il s'efforcera encore de les familiariser avec les opérations multiples de l'économie rurale, de développer en eux l'esprit d'observation et surtout de leur faire comprendre que, dans ses opérations, l'agriculteur ne doit rien laisser au hasard. Les enfants ne doivent pas ignorer que toutes les cultures sont soumises à des règles dont on ne saurait s'écarter sans s'exposer à des déceptions.

Si on le peut, les leçons seront complétées par des exercices pratiques. A défaut de ces exercices, on aura recours aux promenades spéciales et aux excursions.

COURS PRÉPARATOIRE

Directions particulières. — Dans le cours préparatoire, les leçons seront données sous forme d'entretiens. Ces causeries seront toujours simples. On évitera avec soin les détails inutiles et les longues explications. Si l'on enseigne peu, il faut au moins que l'on enseigne bien ; aussi s'appliquera-t-on, quel que soit le sujet que l'on traite, à exciter la curiosité des enfants et à provoquer leurs réflexions, tout en cherchant à les instruire : il importe de les habituer à voir et à observer.

Chaque leçon sera suivie d'un résumé oral.

Octobre.

Montrer un dessin de charrue, de herse, de rouleau, et faire comprendre l'utilité de ces instruments. Montrer de même les outils du jardinage.

Novembre.

Les arbres fruitiers : pommier, poirier, prunier, cerisier. Les fruits à pépins et à noyau. Le cidre : sa fabrication. La vendange et le vin (dans les régions viticoles du département).

Décembre.

Les animaux domestiques : le cheval, le bœuf, la vache. Le beurre et le fromage.

Revision trimestrielle.

Janvier.

La basse-cour. Le clapier.

Février.

Ce qu'on ajoute au sol pour activer la végétation. Comment les plantes se reproduisent.

Mars.

Insectes utiles et insectes nuisibles. Les auxiliaires des cultivateurs.

Revision trimestrielle.

Avril.

Fleurs des arbres fruitiers de la région. Les racines : betteraves, carottes, etc. Le hanneton, ses mœurs.

Mai.

La fenaison. Les abeilles.

Juin.

Les plantes industrielles. Récolte des céréales.

Juillet et Aout.

Revision générale.

— —

COURS ÉLÉMENTAIRE

Directions particulières. — Comme dans le cours préparatoire, l'enseignement sera donné sous la forme d'entretiens. On suivra les mêmes conseils que précédemment, c'est-à-dire qu'on s'efforcera d'être toujours simple, pour que les enfants comprennent et retiennent avec facilité.

Chaque leçon sera suivie d'un résumé oral ou écrit.

Octobre.

Principaux travaux horticoles et agricoles du mois. Utilité des labours; charrue, herse, rouleau. Instruments de jardinage : bêche, fourche, houe, râteau, batte.

Novembre.

Travaux horticoles et agricoles du mois. Plantation des arbres fruitiers. Fabrication du cidre; pommé et poiré. La vigne, la vendange et le vin (dans les régions viticoles du département).

Décembre.

Travaux horticoles et agricoles du mois. Soins à donner aux animaux domestiques. Le beurre et le fromage.

Revision trimestrielle.

Janvier.

Travaux horticoles et agricoles du mois. Le cheval, le mulet, l'âne. Le bœuf, la vache, le porc, le mouton. La basse-cour, le clapier.

Février.

Travaux horticoles et agricoles du mois. Le fumier. Le bouturage. La greffe des arbres.

Mars.

Travaux horticoles et agricoles du mois. La taille des arbres et de la vigne. Les insectes utiles et les insectes nuisibles. Les oiseaux utiles à l'agriculture. Assainissement des terrains, drainage.

Revision trimestrielle.

AVRIL.

Travaux horticoles et agricoles du mois. Les fleurs, leur composition, leur utilité. Les vers blancs et les hannetons ; moyen de les détruire. Les racines : betteraves, carottes, etc. Prairies naturelles et prairies artificielles. Les nids d'oiseaux.

MAI.

Travaux horticoles et agricoles du mois. Fauchaison et fenaison. Les céréales. Les abeilles.

JUIN.

Travaux horticoles et agricoles du mois. Maladies de la vigne, leur traitement. Plantes oléagineuses, plantes textiles.

JUILLET ET AOUT.

Revision générale.

COURS MOYEN

Directions particulières. — Dans le cours moyen, comme dans le cours élémentaire, on associera les élèves à la leçon, et l'on utilisera leurs connaissances pour les amener à se rendre compte des opérations et des phénomènes dont ils sont les témoins de chaque jour, et à trouver ainsi d'eux-mêmes ce qu'on se propose de leur apprendre. Souvent, le maître leur viendra nécessairement en aide, mais il ne rectifiera ou ne complètera leurs appréciations qu'après avoir provoqué chez eux l'effort et la réflexion. C'est surtout en s'adressant à leur jugement qu'on parviendra à les persuader et à les convaincre.

Il sera très utile que les leçons soient suivies de quelques exercices pratiques d'application.

OCTOBRE.

Travaux horticoles du mois ; travaux de pleine terre. Travaux agricoles : labours, leur utilité, différentes sortes. Les semailles : semailles à la main, semailles mécaniques. Sulfatage, chaulage, pralinage. Principaux instruments et machines agricoles pour les labours et les semailles.

Novembre.

Travaux horticoles et agricoles du mois. Plantation des arbres fruitiers selon la région. Le cidre : ses propriétés, choix des variétés de pommes, leur maturité, leur conservation jusqu'à la façon des cidres ; fabrication du cidre, mise en fût et en bouteilles ; maladies du cidre ; eaux-de-vie de cidre. Mêmes développements pour le vin dans les régions viticoles du département.

Décembre.

Travaux horticoles et agricoles du mois. Soins à donner aux animaux domestiques. Caractères auxquels on reconnait une bonne vache laitière. Laiteries ; fabrication du beurre et du fromage.

Revision trimestrielle.

Janvier.

Travaux horticoles et agricoles du mois. Le cheval, le mulet, l'âne. Le bœuf, la vache, le porc, le mouton. La basse-cour. Le clapier.

Février.

Travaux horticoles et agricoles du mois. Le fumier et le purin : soins à donner ; établissement des rigoles à purin dans les étables et les écuries ; construction de la fosse à purin. Engrais chimiques : nitrate de soude, superphosphate, etc. Greffe des arbres fruitiers : principes ; greffe en écusson, en fente, en couronne.

Mars.

Travaux horticoles et agricoles du mois. Conduite des arbres fruitiers, formes à leur donner. Insectes ravageurs des jardins et insectes utiles. Auxiliaires du cultivateur, oiseaux utiles. Assainissement des terrains, drainage. Assolements.

Revision trimestrielle.

Avril.

Travaux horticoles et agricoles du mois. Fleurs : leur composition, leur rôle. Auvents de préservation pour les pêchers, les abricotiers, etc. Les racines : betteraves, caro tes, etc. Prairies naturelles et prairies artificielles; irrigations. Instruments et machines pour la récolte des céréales et des foins. Le ver blanc, le hanneton; leur destruction. Les nids d'oiseaux.

MAI.

Travaux horticoles et agricoles du mois. Fauchaison et fenaison. Instruments et machines d'intérieur de la ferme pour battre les grains, hacher la paille, couper les racines et briser les tourteaux. Les céréales: seigle, orge, blé, avoine, maïs, millet, sarrazin, riz, sorgho. Les abeilles.

JUIN.

Travaux horticoles et agricoles du mois. Maladies de la vigne; bouillie bordelaise, sulfatage. Récolte des céréales. Plantes oléagineuses: œillette, colza, cameline, navette. Plantes textiles: lin, chanvre. Plantes tinctoriales: garance, safran. Autres plantes: tabac, houblon, chicorée, cardon.

JUILLET ET AOUT.

Revision générale.

COURS SUPÉRIEUR

Directions particulières. — Dans le cours supérieur, on reprendra avec plus de détails les matières enseignées dans les cours précédents. On s'attachera surtout à bien faire ressortir l'importance des semences, des engrais perfectionnés, des meilleures races d'animaux, etc. Des expériences nombreuses appuieront les leçons, qui seront complétées par des promenades pratiques. On utilisera aussi le jardin de l'école et le champ d'expériences.

Chaque élève sera pourvu d'un carnet spécial sur lequel il consignera les résultats de ses observations.

OCTOBRE.

Programme du cours moyen. — Conservation des racines: les silos. Conservation des pommes de terre: choix pour la transplantation. La fruiterie.

Novembre.

Programme du cours moyen. — Conservation des choux pommés et des choux brocolis. Analyse au densimètre pour reconnaître la valeur des pommes ou du raisin.

Décembre.

Programme du cours moyen. — Morceaux de choix dans la viande ; bœuf, veau, mouton.

Revision trimestrielle.

Janvier.

Programme du cours moyen. — Différentes races de chevaux, leurs caractères particuliers. Incubation artificielle. Education des vers à soie.

Février.

Programme du cours moyen. — Comptabilité agricole : brouillard, journal, inventaire. Association du nitrate de soude et du phosphate dans la fumure des champs. Taille des rosiers, maladies des rosiers. Bouturage. Marcottage, provignage.

Mars.

Programme du cours moyen. — Taille des arbres fruitiers ; pincement herbacé, cassement ligneux total ou partiel.

Revision trimestrielle.

Avril.

Programme du cours moyen. — Culture des fraisiers, choix du plant, sa durée, engrais spécial. Prairies naturelles, engrais employés en couvertures au printemps. Arrosage au purin. Épandage de nitrate, de plâtre, etc.

Mai.

Programme du cours moyen. — Analyses botaniques de quelques plantes médicinales et usuelles.

JUIN.

Programme du cours moyen. — Maladies des céréales. Sulfatage de la vigne à la bouillie bordelaise contre le mildiou, et soufrage contre l'oïdium. Traitement des vignes phylloxérées. — Hygiène du cultivateur.

JUILLET ET AOUT.

Revision générale.

DESSIN

Directions générales. — L'utilité du dessin n'est plus guère contestée. On s'accorde à reconnaître qu'il est indispensable aux ouvriers, utile dans la plupart des carrières, et qu'il fournit à l'instituteur un moyen d'éducation dont il doit tirer profit.

Il importe donc que cet enseignement soit organisé sérieusement dans toutes les écoles, qu'on trouve partout des élèves ne sachant pas seulement crayonner, mais dessiner dans toute l'acception du mot. On atteindra ce but, si, comme pour les autres matières du programme, le maître sait graduer ses leçons et s'inspirer des méthodes les plus rationnelles. On lui recommande particulièrement de faire précéder toute exécution de dessin d'un tracé au tableau noir, avec explications à l'appui, et d'indiquer régulièrement, par des pointillés, les relations de position des lignes essentielles.

COURS PRÉPARATOIRE

Directions particulières. — S'appliquer à faire acquérir de bonnes habitudes aux élèves, exiger de la netteté dans le tracé des droites et des courbes, ne pas abuser des lignes de construction et, pour donner de l'attrait aux premiers exercices, les faire tendre, autant que possible, à la reproduction d'objets usuels. Les enfants parviendront assez rapidement à saisir l'ensemble du modèle si, dès le début, ils sont exercés à remarquer la direction et la correspondance des lignes.

Octobre.

Tracé au tableau et sur l'ardoise des différentes lignes étudiées en géométrie.

Novembre.

Petits exercices sur les droites parallèles, horizontales, verticales, inclinées.

DÉCEMBRE.

Construction d'angles. Combinaisons de droites horizontales, verticales et inclinées.

Revision trimestrielle.

JANVIER.

Suite des exercices précédents.

FÉVRIER.

Reproduction de figures géométriques : carré, rectangle, triangle.

MARS.

Reproduction de petits dessins représentant une face d'objets usuels très simples.

Revision trimestrielle.

AVRIL.

Premiers essais au crayon noir sur papier quadrillé : cadres, carrelage.

MAI.

Continuation des exercices commencés en avril ; cercles, polygones, etc.

JUIN.

Suite des exercices précédents.

JUILLET ET AOUT.

Revision générale.

COURS ÉLÉMENTAIRE

Directions particulières. — Les directions données pour le cours préparatoire conviennent aussi au cours élémentaire. Les élèves seront habitués à diviser les droites horizontales, verticales, inclinées, en 2, 4, 8, 16 parties égales, puis en 3, 6, 9, en 5, 7..... On passera ensuite à la division des circonférences, en suivant le même ordre d'exercices. Le maître ne devra jamais se contenter de l'à peu près.

Octobre.

La ligne. Ses formes : droite, brisée, courbe. Evaluation de longueurs sur le tableau ou sur le cahier. Division de la ligne droite. Applications : épingles, flèches, treillage, cordeau, fil à plomb.

Novembre.

La ligne (suite). Ses positions : horizontale, verticale, inclinée. Droites perpendiculaires, droites parallèles. Rapports et mesure de lignes droites. Applications : grillages, lettres, dessins d'étoffes, tableau, équerre, parquet, échelle, gril.

Décembre.

Les angles. Formes, grandeur, divisions. Rapports et mesure d'angles. Applications : cadres, fenêtres, vitrages, grillages, filets.

Revision trimestrielle.

Janvier.

Dessin d'objets usuels très simples : crayon, couteau, etc.

Février.

Le quadrilatère. Carré, rectangle, parallélogramme, losange, trapèze. Division de ces figures. Rapports de dimensions. Applications : pavés, briques, tuiles, ardoises en place, panneaux, toiture et barrière.

Mars.

Le triangle. Ses différentes formes. Division, combinaisons. Applications : maisonnettes, clochers, hangars, équerres, carrelage, verres à pied, abat-jour, etc.

Revision trimestrielle.

Avril.

La circonférence. Son tracé, lignes intérieures, division. Circonférences tangentes, concentriques. Applications : pièces de monnaie isolées, tangentes ; assiettes, lettres rondes, cintres de fenêtres.

MAI.

Polygones réguliers convexes et étoilés. Rosaces.

JUIN.

Applications diverses : fleurs, rosettes, œil-de-bœuf, portail, chaise.

JUILLET ET AOUT.

Revision générale.

COURS MOYEN

Directions particulières. — Pour le dessin des objets usuels, le maître fera un choix de modèles très simples. Il veillera à ce que les enfants établissent aussi exactement que possible la proportionnalité entre l'ensemble et les diverses parties de chaque modèle, et qu'ils en tracent toutes les lignes visibles. Il fera remarquer les déformations perspectives en insistant sur la direction des lignes principales.

OCTOBRE.

Dessin géométrique. — Tracés relatifs à la ligne droite, à la ligne brisée, à la circonférence, aux droites perpendiculaires.

Dessin à main levée. — Le point, la droite horizontale, verticale, inclinée. Cadres, grillages, carreaux.

NOVEMBRE.

Dessin géométrique. — Tracés sur les angles et les parallèles.

Dessin à main levée. — Triangle, carré, rectangle, trapèze. Division de ces figures. Applications.

DÉCEMBRE.

Dessin géométrique. — Construction de triangles. Division de ces figures.

Dessin à main levée. — Circonférences, arcs; polygones inscrits, convexes, étoilés. Applications; moulures.

Revision trimestrielle.

Janvier.

Dessin géométrique. — Le quadrilatère : carré, rectangle, parallélogramme. Division de ces figures.

Dessin à main levée. — Ellipses, spirales. Applications : volutes, postes, palmettes, etc.

Février.

Dessin géométrique. — Polygones (suite) : losange, trapèze, polygone irrégulier.

Dessin à main levée. — Reproduction à vue de feuilles, fleurs, rosettes, etc.

Mars.

Dessin géométrique. — La circonférence et ses divisions égales. Droites et circonférences tangentes. Applications.

Dessin à main levée. — Copie de plâtres d'un léger relief. (Le maître corrigera en se mettant à la place de l'élève).

Revision trimestrielle.

Avril.

Dessin géométrique. — Polygones réguliers convexes et étoilés ; rosaces ; carrelages, parquets.

Dessin à main levée. — Plâtres simples de léger relief avec leurs ombres. Modèles à confectionner en bois, en carton ou en plâtre.

Mai.

Dessin géométrique. — Levé de croquis d'une face d'objets très simples, rapportés à l'échelle sur le tableau d'abord, sur les cahiers ensuite. Lecture de cartes. Construction d'échelles.

Dessin à main levée. — Représentation perspective du cube, du prisme.

Juin.

Dessin géométrique. — Dessin de cartes géographiques et de plans.

Dessin à main levée. — Représentation perspective d'objets usuels à faces planes.

Juillet et Aout.

Revision générale.

COURS SUPÉRIEUR

Directions particulières. — Avant d'aborder le programme de ce cours, on donnera des notions pratiques de perspective. Les élèves seront exercés à étudier la direction des lignes du modèle en relief à l'aide d'une règle et du fil à plomb. La règle sera toujours tenue de façon que l'arête soit parallèle à la ligne d'horizon. Il conviendra aussi de montrer d'une manière pratique, au moyen d'une vitre placée entre l'objet et l'œil du dessinateur, les déformations des objets ainsi que la direction convergente des droites parallèles, et de faire remarquer particulièrement que les points de convergence se trouvent sur la ligne d'horizon si les droites parallèles sont horizontales.

Octobre.

Dessin géométrique. — Droite, circonférence; perpendiculaires, obliques; division des droites.

Dessin à main levée. — Éléments de perspective : la droite dans ses différentes positions; les droites parallèles.

Novembre.

Dessin géométrique. — Constructions sur les parallèles et les angles. Applications à des dessins d'ornementation : vitraux, grecques...

Dessin à main levée. — Éléments de perspective (suite) : les angles; le carré horizontal, vertical; l'hexagone.

Décembre.

Dessin géométrique. — Constructions de polygones : triangles, quadrilatères, polygones quelconques. Applications : décorations.

Dessin à main levée. — Éléments de perspective (suite) : le cube, le prisme, la pyramide.

Revision trimestrielle.

Janvier.

Dessin géométrique. — La circonférence, ses lignes, ses divisions. Circonférences concentriques, tangentes à des droites, tangentes entre elles.

Dessin à main levée. — Éléments de perspective (suite): le cercle, le cylindre, le cône.

FÉVRIER.

Dessin géométrique. — Construction de tangentes à la circonférence et de circonférences tangentes entre elles.

Dessin à main levée. — Reliefs géométriques en plâtre, bois ou carton ne comprenant que des lignes droites et brisées.

MARS.

Dessin géométrique. — Polygones réguliers convexes ou étoilés avec leurs combinaisons. Application à des motifs de décoration; roses des vents.

Dessin à main levée. — Reliefs géométriques comprenant des courbes: rosette, fleuron, oves, etc.

Revision trimestrielle.

AVRIL.

Dessin géométrique. — Dessins de croquis rapportés à l'échelle: tableau, panneau, porte, bureau, table. (Chaque élève devra faire lui-même le relevé des cotes.)

Dessin à main levée. — Dessins d'après l'estampe et le relief d'ornements empruntés au règne végétal: fleurs, feuilles, fruits, lianes, rinceaux.

MAI.

Dessin géométrique. — Croquis à l'échelle: plan de l'école, croquis d'arpentage, élévation d'une façade de maison. Croquis et représentation géométrale de solides géométriques.

Dessin à main levée. — Dessins d'après l'estampe et le relief d'ornements d'architecture: frises, grecques, bordures, palmettes....

JUIN.

Dessin géométrique. — Croquis et représentation géométrale d'objets usuels simples. Eléments du lavis à teintes plates, foncées ou pâles; carrelage. Couleurs conventionnelles de plans, teinte des cartes; cartographie.

Dessin à main levée. — Essais de reproduction d'objets très simples par la perspective, caisse à fleurs, bouteille, outils divers.

JUILLET ET AOUT.

Revision générale.

TRAVAIL MANUEL

(GARÇONS)

Directions générales. — Le travail manuel, à l'école primaire, a pour objet de faire acquérir l'habileté de la main, de venir en aide à l'enseignement de la géométrie et du dessin, d'inspirer l'amour et le respect du travail.

Les leçons devront être données dans la salle de classe, afin de gagner du temps; c'est aussi un moyen d'obliger les élèves à une très grande propreté et de leur bien montrer, par là, que cet enseignement est inséparable des autres dans notre plan d'éducation générale. Ces leçons se feront au tableau noir.

Les exercices seront peu nombreux; mais le maître exigera une exécution soignée, pour que les enfants ne prennent pas la mauvaise habitude de se contenter de l'à peu près. Il s'assurera de temps en temps des progrès réalisés, en revenant sur quelques exercices pour les faire exécuter de mémoire.

Dans chaque cours, les élèves seront pourvus d'un cahier spécial de travail manuel.

COURS PRÉPARATOIRE ET ÉLÉMENTAIRE

Directions particulières. — Le cahier de ces cours sera quadrillé. Les élèves exécuteront d'abord l'objet, puis le dessineront en grandeur réelle, à main levée, en se guidant sur les carrés du papier. Chaque exercice sera collé sur le cahier en face du dessin correspondant. Les premiers exercices demanderont au maître une attention toute spéciale.

Octobre.

Tissage. — Damier et autres exercices simples.

Novembre.

Tissage. — Exercices en plusieurs couleurs.

Décembre.

Pliage. — Ligne droite, angle droit; droites perpendiculaires, obliques, parallèles.

Janvier.

Pliage. — Division des lignes en 2, 4, 8,... parties égales. Jalousies, paravent, escalier, etc.

Février.

Pliage. — Carré dérivé du rectangle. Dessins divers obtenus par pliages successifs, soit dans le carré, soit dans le rectangle. Parquets, motifs de bordure, etc.

Mars.

Pliage. — Carré construit sur la diagonale d'un autre carré. Rosaces dérivées du pliage du carré, à deux ou plusieurs couleurs, sans collage. Exercices d'invention.

Avril.

Pliage. — Plier un carré ou un rectangle et en obtenir divers objets : cocote, bateau, boîte de pâtissier, etc. Losange.

N. B. — Choisir de préférence les objets de forme géométrique bien définie.

Mai.

Pliage. — Exercices avec les bandelettes : figures géométriques, lettres majuscules, encadrements, etc.

N. B. — Employer pour ces exercices du papier coloré en pâte.

Juin.

Pliage. — Division des angles : filtres, rosaces, etc.

Tissage. — Exercices plus compliqués que les précédents : lettres, etc.; exercices d'invention ou de mémoire.

Juillet et Aout.

Pliage. — Hexagone obtenu par pliage et découpage. Étoiles, rosaces. Exercices synthétiques ou de revision.

COURS MOYEN

Directions particulières. — Au cours moyen, le cahier ne sera plus quadrillé. Les élèves feront d'abord un croquis coté, au crayon, de l'objet à exécuter, puis le dessin exact à la règle et ils procèderont ensuite à l'exécution. Ce dessin sera fait, au début, en grandeur réelle, ensuite, à une échelle déterminée, mais toujours simple.

Pour l'exécution des solides géométriques, on recommande d'employer du papier à dessin, du Canson par exemple, préférable au carton, parce qu'on peut en négliger l'épaisseur et obtenir une plus grande exactitude. Les reliefs ainsi obtenus ont l'apparence du plâtre.

Octobre.

Découpage et collage. — Panneaux de formes diverses en papier de couleur.

Novembre.

Découpage et collage. — Suite des exercices précédents. Exercices d'invention composés de figures géométriques ou de motifs d'ornements.

Décembre.

Découpage. — Rectangle, parallélogramme et triangle.

Janvier.

Découpage. — Détermination pratique de la surface du rectangle, du parallélogramme et du triangle. Application de ces figures à des motifs d'ornement : parquets, carrelages, bordures, etc.

Février.

Découpage. — Exercices à un ou plusieurs axes : trapèze et hexagone, tracé géométrique et surface. Motifs d'ornement avec l'hexagone et le triangle équilatéral.

Mars.

Découpage. — Pentagone : tracé géométrique. Exercices synthétiques et d'invention.

AVRIL.

Découpage. — Cercle, couronne. Ornements dérivés : bordures, entrelacs, etc.

MAI.

Cartonnage. — Cube et parallélépipède rectangle : développement et construction en papier fort. Prisme : développement et construction. Représentation de solides sur le papier : plan, élévation, profil, coupe.

JUIN.

Modelage. — Briquettes, croix, étoiles.

JUILLET ET AOUT.

Modelage. — Rosaces simples à faible relief.

COURS SUPÉRIEUR

Directions particulières. — On continuera les exercices du cours moyen et l'on y ajoutera des travaux de stéréotomie, excellents à tous les points de vue, et qui ne demanderont pas d'outillage spécial. Pour ces derniers, on emploiera des saumons de plâtre à mouler, bien secs, que l'on coupera après les avoir détrempés avec de l'eau de savon; la taille se fera au couteau ordinaire et les surfaces seront dressées sur une planche très plane où l'on aura collé une feuille de papier de verre un peu fin.

OCTOBRE.

Cartonnage. — Exercices sur les figures planes, en cartons découpés, superposés, recouverts de papier de couleur.

NOVEMBRE.

Cartonnage. — Pyramide : développement et construction; pyramide à base carrée, pyramide à base hexagonale, tétraèdre régulier.

DÉCEMBRE.

Cartonnage. — Développement et construction du cylindre et du cône. Applications : boîte cylindrique et son couvercle.

Janvier.

Cartonnage. — Developpement et construction du tronc de prisme, du tronc de pyramide, du cylindre tronqué, du cône tronqué.

Février.

Cartonnage. — Applications des exercices précédents : boites, abat-jour, corbeilles, etc.

Mars.

Cartonnage. — Construction d'un relief géographique en cartons superposés. Application au relief de la commune.

Avril.

Matériel. — Confection au couteau et au papier de verre d'ébauchoirs et de mirettes pour le modelage. Équerres en carton pour la stéréotomie.

Mai.

Modelage.—Exercices d'après nature. Feuilles simples : lierre, chêne, etc.

Juin.

Stéréotomie. — Solides géométriques isolés et combinés ensemble.

Juillet et Aout.

Stéréotomie. — Mur droit, mur en talus. Plate-bande, plein cintre.

TRAVAIL MANUEL

(FILLES)

Directions générales. — Le travail manuel est d'une grande importance dans les écoles de filles. S'il est nécessaire que la femme soit instruite, il ne l'est pas moins qu'elle soit adroite, qu'elle ait du goût et qu'elle sache bien gouverner une maison. C'est le travail manuel qui contribue particulièrement à développer ces qualités chez les jeunes filles; aussi doit-il être à l'école primaire l'objet du plus grand soin. Loin de le laisser au rang des matières accessoires ou même facultatives, selon le bon vouloir des parents, il faut lui donner une place d'honneur, lui consacrer des heures régulières et surtout l'enseigner d'une manière raisonnée et méthodique. Le travail manuel est un art, et, comme dans tout art, la théorie doit y éclairer la pratique : plus la main est dirigée par l'intelligence, plus elle devient habile et produit un travail parfait.

Il est de toute nécessité que la leçon de travail manuel soit collective, qu'elle porte sur un objet commun : c'est la première condition pour qu'elle soit fructueuse. La maîtresse commence par expliquer l'objet de la leçon; elle se sert, s'il y a lieu, du tableau noir pour y tracer les points ou les formes de l'objet à exécuter, ou bien elle range les élèves autour d'elle et leur démontre les procédés à suivre. Quand toutes ont compris, elle leur fait prendre leur ouvrage et les dirige individuellement.

Pour tout genre de travail, il faut commencer par les éléments les plus simples, graduer les difficultés et faire suivre l'étude de ces éléments des applications dont ils sont susceptibles.

Des études de dessin seront rattachées au travail manuel; ces deux enseignements, tout au moins dans leur degré élémentaire, se prêtent un mutuel appui; le dessin fait en vue d'un travail manuel a un caractère pratique et sans lui le travail manuel n'est qu'une routine et ne peut jamais s'élever à la hauteur d'un art. La maîtresse dessinera au tableau noir l'objet à exécuter; elle en indiquera les dimensions avec leurs rapports; elle habituera les élèves à prendre elles-mêmes ces dimensions et à les comparer; elle s'appliquera à leur faire acquérir la justesse du coup d'œil, le sens des formes et des proportions ainsi que le goût de la simplicité et de l'élégance.

Chaque élève aura un album où figureront ses études sur les diverses séries d'ouvrages dont elle aura eu à s'occuper.

COURS PRÉPARATOIRE ET ÉLÉMENTAIRE

Directions particulières. — Dans ces deux cours, on s'occupera de travaux en papier, tissage, tressage, pliage, découpage, qui alterneront avec des exercices de couture ou de tricot, pendant toute l'année dans le cours préparatoire, pendant six mois seulement dans le cours élémentaire. En couture, on étudiera les éléments les plus simples : l'ourlet, le point arrière, le point de piqûre, le point de reprise et, sur le canevas, le point de marque. Dès le deuxième trimestre, on commencera le tricot par l'étude et l'application, à de très simples objets, de la maille à l'endroit, de la maille à l'envers et du point de crochet.

Octobre.

Travaux en papier. — Tissage : Étude du point, point devant, point de reprise. — Dessin des exercices.

Tressage, pliage, découpage. — Dessin des exercices.

Couture. — Ourlet.

Novembre.

Travaux en papier. — Tissage, tressage, pliage, découpage. Continuation des exercices du mois précédent. — Dessin des exercices de découpage et de tissage.

Couture. — Ourlet. Point de marque sur canevas.

Décembre.

Travaux en papier. — Tissage, tressage, découpage. — Dessins des exercices de tissage et de découpage.

Pliage : boîte, cocote, bateau, rosaces, etc. — Dessin des rosaces.

Couture. — Ourlet. Assemblage de points de marque sur canevas. — Dessin des modèles avec indication, à l'aide de carrés, des points qui les composent.

Janvier.

Travaux en papier (suite).

Couture. — Ourlet. Etude du point arrière, couture au point arrière. Marque sur canevas.

Tricot. — Crochet, étude du point, confection d'un fichu.

Février.

Travaux en papier (suite).

Couture. — Couture au point arrière. Lettres sur canevas. Apprendre à copier un modèle. — Dessin des lettres avec indication, à l'aide de carrés, des points qui les composent.

Tricot. — Confection de fichus, manchettes, etc.

Mars.

Travaux en papier (suite).

Couture. — Ourler des torchons, des serviettes; assembler des morceaux au point arrière. Marque.

Tricot. — Étude du point aux aiguilles. Mailles à l'endroit.

Avril.

Couture. — Point de piqûre sur canevas, puis sur grosse toile.

Tricot. — Étude de la maille à l'envers.

Mai.

Couture. — Piqûre sur linge fin. Marque sur grosse toile.

Tricot. — Bande aux aiguilles.

Juin.

Couture. — Piqûre sur linge fin. Point de reprise sur canevas, puis sur grosse toile. — Dessin du point de reprise.

Tricot. — Côtes.

JUILLET ET AOUT.

Couture. — Ourlet. Point arrière. Piqûre. Reprise.
Tricot. — Au crochet et aux aiguilles.

COURS MOYEN

Directions particulières. — On continuera l'étude des éléments de la couture : le point de marque sur toile, le point de boutonnière, le point d'épine, le point de chaînette, etc.; on exercera les élèves au remmaillage, au raccommodage du linge, et on leur fera confectionner de petits ouvrages simples de couture et de tricot.

OCTOBRE.

Couture. — Ourlet ordinaire et ourlet piqué. Couture à points arrière.
Tricot. — Tricot au crochet, points divers pour fichus, couvertures, etc.

NOVEMBRE.

Couture. — Couture rabattue (mise d'un morceau à un coin). Surfilage. Surjets.
Tricot. — Chaussons. Bas. Fichus, etc. — Dessin d'un bas avec proportions exactes.

DÉCEMBRE.

Couture. — Raccommodage d'un torchon (mise d'un morceau). Point d'X sur flanelle.
Tricot (suite).

JANVIER.

Couture. — Raccommodage de linge de corps (morceaux à couture rabattue). Reprise.
Tricot. — Bas. Chaussons.

FÉVRIER.

Couture. — Repriser du linge des bas. Raccommodage.
Tricot. — Continuation des exercices du mois précédent.

MARS.

Couture. — Raccommodage. Confection d'un tablier de cuisine monté à fronces.

Tricot. — Bas.

AVRIL.

Couture. — Raccommodage. Confection d'un jupon monté à fronces. Ourlet piqué. Marque.

Tricot. — Jupon.

MAI.

Couture. — Raccommodage. Point de boutonnière.

Tricot. — Dentelle au crochet.

JUIN.

Couture. — Raccommodage. Poser un poignet. Boutonnière. Confection de brassières, de petites chemises. — Tracé du patron de la brassière et de celui de la petite chemise.

Tricot. — Dentelle au crochet.

JUILLET ET AOUT.

Couture. — Point d'épine et point de chaînette. Marque sur linge.

Tricot. — Dentelle au crochet.

COURS SUPÉRIEUR

Directions particulières. — Les élèves seront exercées à des travaux de couture et de tricot plus difficiles et plus soignés qu'au cours moyen, et elles aborderont la coupe et la confection de quelques vêtements simples.

Des notions très élémentaires d'économie domestique, suivies d'exercices pratiques à l'école et à domicile, compléteront d'une manière fort utile cet enseignement.

OCTOBRE.

Couture. — Raccommodage (reprises et morceaux), coupe et confection d'objets simples (tabliers de cuisine, jupons).

Tricot. — Bas, fichus, jupons, etc.

Economie domestique. — La femme dans la famille. Son rôle; les qualités qu'elle doit avoir : ordre, propreté, vigilance, activité, prévoyance, économie, etc.

NOVEMBRE.

Couture.—Raccommodage. Coupe et confection d'une camisole. — Tracé du patron de la camisole.

Tricot. — Comme le mois précédent.

Economie domestique. — La maison d'habitation : entretien des planchers et des carrelages, des meubles, des ustensiles, de la vaisselle, etc. Le linge : blanchissage, séchage, raccommodage, repassage.

DÉCEMBRE.

Couture. — Raccommodage. Coupe et confection d'une chemise d'enfant. Poignets piqués. — Tracé du patron de la chemise.

Economie domestique. — Les vêtements : entretien, choix selon les saisons; chaussures, coiffures.

JANVIER.

Couture. — Continuation des exercices du mois précédent.

Tricot. — Dentelle au crochet pour garnir la chemise.

Economie domestique. — Les aliments : principes élémentaires de cuisine; préparation des aliments divers : pain, viandes, légumes, poisson, pâtisserie, etc.; fabrication des confitures.

FÉVRIER.

Couture. — Coupe et confection d'un pantalon. — Tracé du patron du pantalon.

Tricot. — Robe de bébé. Jupon.

Economie domestique. — Les boissons : eau potable, eau filtrée, vin, cidre, bière, café, thé, etc.; préparation de quelques liqueurs de ménage.

MARS.

Couture. — Pantalon (suite).

Tricot. — Continuation des exercices du mois précédent.

Economie domestique. — Hygiène du corps : propreté, ablutions, bains chauds et bains froids; repos, sommeil, durée du sommeil, avantage des habitudes matinales; entretien et propreté des lits.

AVRIL.

Couture. — Gilet de flanelle garni de points d'épines et de festons. — Tracé du patron du gilet; dessin du feston et des motifs de broderie.

Tricot (suite).

Economie domestique. — Le chauffage. Modes divers: cheminées, poêles, brasiers. Combustibles: bois, charbon, houille, coke, etc. Ventilation et aérage des habitations.

MAI.

Couture. — Gilet de flanelle (suite). Raccommodage des gilets.

Tricot (suite).

Economie domestique. — L'éclairage: huile, pétrole, chandelles, bougies, gaz, etc.; entretien et préparation des lampes.

JUIN.

Couture. — Coupe: faire le patron d'un corsage de robe avec mesures exactes. — Tracé du patron.

Economie domestique. — Les provisions du ménage: conservation des viandes, du beurre, des œufs; récolte et conservation des légumes et des fruits.

JUILLET ET AOUT.

Couture. — Comme le mois précédent.

Economie domestique. — Comptabilité domestique, budget du ménage.

Revision générale.

CHANT

Directions générales. — Indépendamment de son objet immédiat qui est de former l'oreille et d'assouplir la voix, le chant entretient la gaieté et console ; il contribue à développer le sentiment du beau, il élève l'âme, il moralise.

Faire aimer le chant aux enfants et leur donner les moyens d'exécuter des morceaux puisés dans les meilleures œuvres, tel est le but à atteindre. Pour cela, on devra choisir les exercices avec le plus grand soin, de manière que la musique et les paroles soient appropriées à l'âge des élèves, que les sujets soient variés, souvent patriotiques, en rejetant tous ceux qui ne disent rien à l'intelligence ni au cœur.

Le maître se servira d'un diapason pour éviter que la voix des enfants ne sorte de ses limites naturelles et ne soit ainsi exposée à se briser ou à se fausser.

L'enseignement de la musique sera simultané, mais les interrogations individuelles devront être fréquentes. Les notions théoriques seront limitées à ce qui est rigoureusement indispensable pour l'intelligence des exercices pratiques.

Les dictées orales ou écrites, de même que les exercices vocalisés, sont d'excellents moyens pour former l'oreille et obtenir la pureté dans l'émission des sons.

On recommande, en outre, les chœurs qui exigent une attention et une application des plus soutenues, mais qui ont pour effet, les parties d'accompagnement étant moins chantantes, d'habituer les élèves à mieux apprécier les intervalles.

COURS PRÉPARATOIRE ET ÉLÉMENTAIRE

Directions particulières. — Les enfants de ces cours pratiqueront le chant en exécutant des morceaux faciles appris exclusivement par l'audition. Cependant dès le cours élémentaire, ils seront exercés à la lecture des notes.

Le maître choisira des airs simples, entraînants, bien rythmés, qu'il chantera d'abord lui-même, ou jouera sur un instrument, pour les faire répéter ensuite par les élèves. Il s'appliquera à obtenir une bonne prononciation, une interprétation intelligente et une exécution correcte. Il devra veiller à ce que l'on ne chante pas les dents serrées, mais la bouche bien ouverte.

Octobre a Février.

Chants simples appris par l'audition.

Mars.

Chants appris par l'audition. Les notes de la gamme.

Avril.

Chants appris par l'audition. Lecture des notes sur la portée avec la clef de *sol*.

Mai.

Chants appris par l'audition. Lecture des notes (suite).

Juin.

Chants appris par l'audition. Lecture des notes non mesurée mais cadencée régulièrement.

Juillet et Aout.

Revision générale et chants spéciaux pour distribution de prix.

COURS MOYEN

Directions particulières. — On donnera aux élèves les notions théoriques les plus indispensables : valeur des notes, accidents, mesures, etc., et l'on commencera la dictée musicale.

On continuera les exercices de lecture et l'on solfiera des morceaux faciles, des exercices gradués sur les intervalles. Le maître se montrera particulièrement exigeant pour la mesure et la netteté de l'exécution. Ces exercices auront lieu surtout au tableau noir, préparé pour cet usage ; ils seront ensuite transcrits par les élèves sur un cahier spécial.

Les morceaux de chant seront d'abord solfiés ; on les choisira à une ou deux voix.

Octobre.

Chants appris par l'audition. Mesure à deux temps. La noire. Le soupir. La blanche.

Novembre.

Chants appris par l'audition. Mesure à quatre temps. La ronde. Pause et demi-pause.

Décembre.

Chants appris par l'audition. Mesure à trois temps. La blanche pointée.

Janvier.

Chants appris par l'audition. Exercices d'intonation et synthèse des leçons précédentes.

Février.

Chants appris par l'audition. Exercices sur les intervalles.

Mars.

Chants appris par l'audition. Exercices sur les intervalles (suite). Petites dictées orales.

Avril.

Chants appris par l'audition. Exercices simples de solfège. Petites dictées orales.

Mai.

Application des études précédentes à l'exécution d'un chant facile.

Juin.

Division du temps en deux parties. La croche. Etude rythmée, puis solfiée, d'un exercice en croches. Le demi-soupir. Le renvoi.

Juillet et Aout.

Revision générale et chants spéciaux pour distribution de prix.

COURS SUPÉRIEUR

Directions particulières. — Les notions théoriques du cours moyen seront revues et complétées. On continuera les dictées et l'on se montrera de plus en plus difficile pour l'exécution. Les chœurs, à deux ou trois voix, seront choisis avec tout le soin que comporte le besoin d'exciter l'attention et le sentiment musical des élèves. Le maître fera continuer le répertoire commencé dans le cours moyen, afin que chaque élève emporte, à sa sortie de l'école, un recueil de nos chants les meilleurs et les plus connus.

Octobre.

Revision du programme du cours moyen. Idée des nuances principales. Le dièse. Exercices de solfège en *sol* majeur. Chants solfiés.

Novembre.

Le bémol. Exercices de solfège en *fa* majeur. Chants solfiés.

Décembre.

Le bécarre. Le point d'arrêt. Le point d'orgue. Exercices de solfège et dictées orales. Chants solfiés.

Janvier.

La syncope dans les cas simples. Exercices d'application. Chants faciles à deux parties.

Février.

Gamme chromatique. Exercices de solfège. Chants à deux parties.

Mars.

Le mode majeur et le mode mineur. Exercices de solfège. Chants à deux parties.

Avril.

Comment on reconnaît le ton d'un morceau dont l'armature est en dièses. Chants à deux parties. Dictée écrite.

Mai.

Comment on reconnaît le ton d'un morceau dont l'armature est en bémols. Chants à deux parties. Dictée écrite.

Juin.

Division ternaire du temps. Mesure à 6/8. Clef de *fa*. Chants à trois parties. Dictée écrite.

Juillet et Aout.

Revision générale et chants spéciaux pour distribution de prix.

GYMNASTIQUE

Directions générales. — « De nos jours où l'action est si fiévreuse, le travail cérébral si intense, l'éducation physique s'impose comme le seul moyen de rétablir chez l'homme l'équilibre des fonctions physiologiques. Elle est la base la plus sûre de toute éducation saine et virile ». La gymnastique en est la méthode classique : par des exercices rationnels et progressifs, elle dresse et assouplit le corps, et le rend apte à bien remplir le rôle qui lui est dévolu.

La gymnastique scolaire, qui s'adresse à de jeunes élèves, ne doit pas comporter, notamment dans les campagnes, d'exercices d'une exécution difficile ; d'ailleurs, les écoles rurales sont dépourvues, pour la plupart, des appareils même les plus élémentaires, de plus, la courte durée de la scolarité et trop souvent l'irrégularité de la fréquentation y sont un obstacle sérieux à un enseignement régulier et étendu. Ce qu'il faut avant tout dans ces écoles, c'est un enseignement sobre, formé d'exercices gradués d'assouplissement et de développement, qui s'adresse à l'ensemble des élèves et soit constitué de manière que son action éducatrice s'exerce sur l'organisme tout entier. Le maître s'inspirera sans cesse de cette pensée qu'il doit, dans la mesure de son aptitude propre et des moyens dont il dispose, viser surtout à « préparer pour l'armée des jeunes gens alertes, vigoureux, hardis ».

Les jeux scolaires, judicieusement conduits, seront un heureux complément des exercices gymnastiques.

Comme manuel officiel, on consultera particulièrement celui que le Ministère de l'Instruction publique a fait imprimer en 1891.

COURS PRÉPARATOIRE ET ÉLÉMENTAIRE

Directions particulières. — L'enseignement donné à ces deux cours réunis sera très simple ; il se restreindra aux exercices élémentaires d'assouplissement et à quelques exercices d'ordre et de marche.

Des moniteurs convenablement dressés pourront seconder

le maître, qui veillera à la parfaite tenue des enfants et à une exécution satisfaisante des exercices.

OCTOBRE.

Exercices d'ordre. Bonne station droite du corps. Formation des rangs. Alignements.

Gymnastique de développement. Mouvements de la tête : flexion et extension, inclinaison latérale à droite et à gauche, rotation.

NOVEMBRE.

Continuation des exercices précédents.

Exercices d'ordre. Marches et évolutions. A droite, à gauche. Pas accéléré.

Gymnastique de développement. Mouvements du tronc : flexion et extension, flexion latérale à droite et à gauche. Mouvements des avant-bras : flexion et extension, supination et pronation.

DÉCEMBRE.

Continuation des exercices précédents.

Exercices d'ordre. Marches et évolutions. Demi à droite, demi à gauche. Pas en arrière.

Gymnastique de développement. Mouvements des épaules : élévation et abaissement, rapprochement et effacement. Mouvements de la jambe : flexion et extension, abduction latérale et adduction.

JANVIER.

Continuation des exercices précédents.

Exercices d'ordre. Marches et évolutions. Demi-tour à droite. Pas gymnastique.

Gymnastique de développement. Mouvements du poignet : flexion et extension, abduction latérale et adduction. Mouvements des bras : élévation horizontale en avant et abaissement sans flexion.

FÉVRIER.

Continuation des exercices précédents.

Exercices d'ordre. Marches et évolutions. Marche de front. Marquer le pas.

Gymnastique de développement. Mouvements des doigts :

flexion et extension, abduction latérale et adduction. Mouvements de la cuisse : flexion et extension, abduction et adduction.

Mars.

Continuation des exercices précédents.

Exercices d'ordre. Marches et évolutions. Marche oblique.

Gymnastique de développement. Mouvements des pieds : flexion et extension. Mouvements des bras : élévation horizontale latérale et abaissement sans flexion.

Avril.

Continuation des exercices précédents.

Exercices d'ordre. Marches et évolutions. Marche par le flanc.

Gymnastique de développement. Mouvements des bras : élévation verticale en avant et abaissement sans flexion. Saut de pied ferme en hauteur pour se placer sur un obstacle.

Mai.

Continuation des exercices précédents.

Exercices d'ordre. Marches et évolutions. Changement de direction.

Gymnastique de développement. Mouvements des bras : élévation verticale latérale et abaissement sans flexion. Saut de pied ferme en hauteur pour franchir un obstacle.

Juin.

Continuation des exercices précédents.

Exercices d'ordre. Marches et évolutions. Ruptures et rassemblements.

Gymnastique de développement. Mouvement simultané et vertical des bras (flexion et extension) en quatre temps. Saut en longueur.

Juillet et Aout.

Revision générale.

JEUX

La plupart des jeux doivent varier avec les saisons. On distingue les jeux récréatifs et les jeux gymnastiques.

Jeux récréatifs. Cache-tampon, les osselets, la main-chaude, Colin-maillard, le bilboquet, etc., qui conviennent aux deux sexes; les billes, la toupie, pour les garçons; pigeon-vole, le furet, pour les filles.

Jeux gymnastiques. Les rondes, le sabot, le cerceau, la poursuite, la corde, les quatre-coins, etc., qui conviennent aux deux sexes.

COURS MOYEN

Directions particulières. — Déjà exercés, les élèves de ce cours devront reprendre et exécuter avec promptitude et précision les mouvements de leur programme jusqu'à ce que les résultats soient irréprochables. On recommande que les mouvements de la tête, des bras, du tronc, des jambes soient souvent répétés.

Le maître lui-même conduira les exercices.

Octobre.

Exercices d'ordre. Marches et évolutions. Bonne station droite du corps. Formation des rangs. Alignements. A droite, à gauche. Demi à droite, demi à gauche. Pas accéléré, pas en arrière.

Gymnastique de développement. Mouvements de la tête, circumduction. Mouvements du tronc, torsion, circumduction. Mouvements des épaules, circumduction.

Novembre.

Continuation des exercices précédents.

Exercices d'ordre. Marches et évolutions. Formation des distances. Demi-tour à droite. Pas gymnastique. Marche de front.

Gymnastique de développement. Mouvements des avant-bras et des bras exécutés au cours élémentaire.

Décembre.

Continuation des exercices précédents.

Exercices d'ordre. Marches et évolutions. Marche oblique. Marquer le pas. Changer le pas.

Gymnastique de développement. Mouvements des bras: abduction des bras en arrière et adduction, rotation. Mouvements des membres inférieurs exécutés au cours élémentaire.

Janvier.

Continuation des exercices précédents.

Exercices d'ordre. Marches et évolutions. Marche par le flanc. Doublement et dédoublement des files.

Gymnastique de développement. Mouvements du poignet, des doigts. Flexion et extension simultanée des membres supérieurs et inférieurs. S'élever sur la pointe des pieds avec mouvement des bras.

Février.

Continuation des exercices précédents.

Exercices d'ordre. Marches et évolutions. Changement de direction. Ruptures et rassemblements.

Gymnastique de développement. Mouvements du pied. Mouvements de la cuisse : rotation en dedans et en dehors. Flexion des membres inférieurs avec balancement des bras (préparation à l'impulsion du saut). Sautillements.

Mars.

Continuation des exercices précédents.

Exercices d'ordre. Marches et évolutions. Marche en spirale.

Gymnastique de développement. Station sur un des membres inférieurs étendu : 1° l'autre levé et fléchi, les mains placées sur les hanches ; 2° l'autre fléchi dans tous ses segments, la pointe du pied dirigée vers le sol, les mains sur les hanches. Flexion des membres inférieurs avec élévation verticale des bras (préparation à la chute des sauts). Sauts de pied ferme en hauteur.

Avril.

Continuation des exercices précédents.

Exercices d'ordre. Marches et évolutions. Marche en cercles.

Gymnastique de développement. Station sur un des membres inférieurs étendu : 1° l'autre fléchi, les mains croisées appuyant le genou contre le corps ; 2° l'autre fléchi, le cou-de-pied dans les deux mains. Mouvement des bras avec pronation et supination de l'avant-bras et rotation du bras en six temps. Saut en longueur.

MAI.

Continuation des exercices précédents.

Exercices d'ordre. Marches et évolutions. Marche serpentine.

Gymnastique de développement. Se fendre en avant alternativement des deux jambes avec mouvement des bras étendus. Exercices préparatoires à la natation exécutés debout : mouvements des bras, des membres inférieurs; mouvements simultanés des bras et des membres inférieurs. Saut avec élan en hauteur, en longueur.

JUIN.

Continuation des exercices précédents.

Exercices d'ordre. Marches et évolutions. Jeux combinés avec les marches.

Gymnastique de développement. Marquer le pas avec mouvement des bras en quatre temps. Balancement alternatif des bras en avant et en arrière en progressant. Exercices préparatoires à la natation exécutés sur le chevalet. Saut en profondeur.

JUILLET ET AOUT.

Revision générale.

JEUX

Jeux récréatifs. Ceux du cours élémentaire auxquels on peut ajouter, pour les garçons, le palet, les quilles, la balançoire, etc.

Jeux gymnastiques. Ceux du cours élémentaire auxquels on peut ajouter, pour les deux sexes, les barres, la balle au pot, chat et souris, la balle en posture, la mère Garuche, etc.; pour les garçons, les échasses, les prisonniers, la course au fardeau, etc.; pour les filles, la marelle, le volant, les grâces, les danses, etc.

COURS SUPÉRIEUR

Directions particulières. — Au cours supérieur, on reprendra le programme du cours moyen pour le compléter dans chaque série par des exercices plus difficiles.

A partir du mois de mars, une leçon sur deux sera consacrée aux agrès dans les écoles qui en sont pourvues. Le maître n'aura pas à faire exécuter d'autres mouvements que ceux qui sont déterminés au manuel officiel de gymnastique: c'est un maximum qui ne sera d'ailleurs que difficilement atteint.

Il veillera au fonctionnement régulier des jeux, et à la participation active de tous les élèves à ces exercices.

Octobre.

Programme du cours moyen. Lutte à la corde.

Novembre.

Programme du cours moyen. Torsion du tronc avec lancer des bras dans un plan horizontal.

Mouvements exécutés avec les haltères.

Décembre.

Programme du cours moyen. Flexions et extensions du tronc avec mouvement des bras.

Mouvements exécutés avec les barres à sphères.

Janvier.

Programme du cours moyen. Élévation des bras avec extension alternative de la cuisse gauche et de la cuisse droite. Suite des mouvements avec les barres à sphères.

Février.

Programme du cours moyen. Circumduction de la cuisse avec mouvements des bras, en quatre temps.

Mouvements exécutés deux à deux avec les barres à sphères.

Mars.

Programme du cours moyen. Station sur un des membres inférieurs étendu : 1° l'autre en abduction en arrière, les bras étendus et élevés, les mains ouvertes, paumes en avant; 2° l'autre en abduction horizontale en avant, les bras pendants. Mouvements combinés du tronc et des membres supérieurs et inférieurs.

Exercices à l'échelle horizontale, à l'échelle inclinée.

Avril.

Programme du cours moyen. Station sur l'un des membres inférieurs étendu : 1° l'autre fléchi, le cou-de-pied saisi par la main correspondante, le bras opposé tendu et élevé verticalement ; 2° l'autre en abduction latérale, les membres supérieurs en abduction horizontale latérale, les mains ouvertes, paumes en dessous. Evolutions à la course cadencée.

Exercices à l'échelle avec planche dorsale, aux échelles jumelles.

Mai.

Programme du cours moyen. Station sur un des membres inférieurs fléchi, le corps penché en avant, l'autre membre inférieur et le supérieur opposé en abduction en arrière, le second membre supérieur porté en avant. Se fendre alternativement des deux jambes, avec extension puis circumduction du bras opposé.

Exercices aux perches verticales fixes par paires.

Juin.

Programme du cours moyen. Station sur un des membres inférieurs fléchi, l'autre et les bras tendus en avant. Se fendre alternativement en arrière des deux jambes, en lançant et étendant les bras en avant horizontalement et latéralement.

Exercices au mât vertical.

Juillet et Aout.

Revision générale.

JEUX

Jeux récréatifs. Ceux du cours moyen.

Jeux gymnastiques. Ceux du cours moyen auxquels on peut ajouter, pour les deux sexes, la balle au mur, le javelot, le tir à l'arc, la paume au tambourin, la balle à la crosse, etc. ;

pour les garçons, la balle cavalière, le gouret, la balle au camp, etc. ; pour les filles, le crocket, la course au fardeau, les danses, etc.

En dehors des exercices gymnastiques et des jeux, on recommande aux maîtres d'organiser des *promenades scolaires.*

Vu et APPROUVÉ par le Conseil départemental de l'enseignement primaire, le 30 mars 1895.

Pour le Préfet, Président, empêché :

L'Inspecteur d'Académie, Vice-Président,

DAUZAT.

TABLE DES MATIÈRES

CHARTRES. — IMPRIMERIE GARNIER.

www.ingramcontent.com/pod-product-compliance
Ingram Content Group UK Ltd.
Pitfield, Milton Keynes, MK11 3LW, UK
UKHW020230220726
13923UKWH00002B/584

9 782019 496043